网店美工
网店视觉设计**实操指南**

曹天佑　王君赫　潘　磊　编著

清华大学出版社
北　京

内 容 简 介

本书以实例和设计理论相结合的方式，介绍网店美工对网店进行视觉效果操作的各个方面。根据网店美工在设计店铺效果图中所涉及的知识点，精心设计了多个与店铺视觉相关的实例。

本书由一线电子商务网店美工教师和广告设计老师编写，循序渐进地讲解了网店美工在工作时所需具备的各方面知识。全书共7章，依次讲解网店美工需要掌握的知识、宝贝的采集、提升宝贝的视觉效果、转化流量的视觉图、提升转化率的主页装修图的设计、店铺公告模板与宝贝分类的设计以及网店详情页的设计。

本书采用案例教程结合理论的编写形式，兼具技术手册和应用技巧参考手册的特点，技术实用，讲解清晰，不仅适合欲开网店并想自己装修店铺的初、中级读者，也可以作为大中专院校相关专业及电子商务方面培训班的教材。

本书封面贴有清华大学出版社防伪标签，无标签者不得销售。
版权所有，侵权必究。举报：010-62782989，beiqinquan@tup.tsinghua.edu.cn。

图书在版编目(CIP)数据

网店美工：网店视觉设计实操指南 / 曹天佑，王君赫，潘磊编著. —北京：清华大学出版社，2017（2021.7重印）
 ISBN 978-7-302-47582-8

Ⅰ．①网… Ⅱ．①曹… ②王… ③潘… Ⅲ．①电子商务—网站—设计—指南 Ⅳ．①F713.361.2-62 ②TP393.092-62

中国版本图书馆CIP数据核字(2017)第154968号

责任编辑：韩宜波
装帧设计：李　坤
责任校对：李玉茹
责任印制：沈　露

出版发行：清华大学出版社
　　网　　址：http://www.tup.com.cn, http://www.wqbook.com
　　地　　址：北京清华大学学研大厦A座　　邮　　编：100084
　　社 总 机：010-62770175　　邮　　购：010-62786544
　　投稿与读者服务：010-62776969, c-service@tup.tsinghua.edu.cn
　　质量反馈：010-62772015, zhiliang@tup.tsinghua.edu.cn
印 装 者：涿州汇美亿浓印刷有限公司
经　　销：全国新华书店
开　　本：190mm×260mm　　印　张：15.25　　字　数：360千字
版　　次：2017年10月第1版　　印　次：2021年7月第6次印刷
定　　价：59.80元

产品编号：071898-01

前言 | Preface

随着电子商务的发展壮大，与之相关的专业人才已经出现了巨大的缺口，尤其是针对网店方面的设计人才，几乎每个电商企业都面临着该岗位的人才压力。电商的多年发展无形中让这个新兴的职业从最初的摸着石头过河，变迁到现在的轻车熟路，无论是从理论还是从实践，都催生了一套属于自己的工作模式。

开一家网店，首先考虑的就是是否盈利。在价格、进货渠道、物流都已准备好的情况下，如何让自己的店铺更加吸引浏览者的目光，如何将逛网店的人群引导走进自己店铺中，这一点正是开店者应该考虑的问题。通过视觉效果吸引买家绝对是一项既直观又经济的可操作选项，随着网店的发展，单纯地罗列商品已经不能在网店行业中立足，此时就催生了一个新的行业工种，也就是大家所说的网店美工。网店美工负责的任务就是专门使网店在视觉上夺人眼球，吸引买家进入店铺，在店铺中又再次被里面的商品宣传吸引，从而对卖家产生经济效益。市场上关于网店美工的书籍主要以理论、案例操作类和教程类为主，本书与它们的不同之处在于，不仅在淘宝网店各个元素、淘宝首页的直通车图片、钻展图片上都有精心的实例，还在图片来源、配色、修正等方面进行理论与实例相结合的详细讲解，真正做到了手把手教初学者轻松了解网店美工，了解网店装修的各个部分。

对于卖家而言，能够拥有产生经济效益的店铺是他们最大的心愿。在价格与特点都大体相同的情况下，无论是在产品重点、色彩还是在布局等方面，设计出更加吸引买家眼球的图像，绝对是提升卖点的一个保证。

本书作者有着多年丰富的电商教学经验、网店经营以及装修的工作经验，将自己总结的经验和技巧展现给了读者，希望读者能够在体会装修软件的强大功能的同时，将设计创意和设计理念通过软件反映到网店的视觉效果上来，更希望通过本书能够帮助读者解决开店时遇到的设计难题。

本书特点

本书内容由浅入深，力争涵盖网店视觉及装修的全部知识点；同时以实例结合理论的方式对网店装修进行讲解，使读者在学习时少走弯路。

本书具有以下几方面的特点。

● 内容全面，几乎涵盖了网店装修所涉及的视觉图像、配色和整体店铺装修的各个方面。本书由具有丰富教学经验的网店设计一线老师编写，从商品图像设计的一般流程入手，逐步引导读者学习网店中所涉及的各种技能。

● 语言通俗易懂，讲解清晰，前后呼应，以最小的篇幅、最易读懂的语言来讲解每一项功能和每一个实例，让读者学习起来更加轻松、阅读更加容易。

PREFACE

● 实例丰富，技巧全面实用，技术含量高，与实践紧密结合。每一个实例都倾注了作者多年的实践经验，每一个功能都已经过技术验证。

● 注重理论与实践相结合。在本书中，实例的运用都是以软件某个重要知识点展开，使读者更容易理解和掌握，从而方便知识点的记忆，进而能够举一反三。

本书的章节安排

本书循序渐进地讲解了网店美工在工作时所需要的各方面知识。全书共分为 7 章，依次讲解了网店美工需要掌握的知识、宝贝的采集、提升宝贝的视觉效果、转化流量的视觉图、提升转化率的主页装修图的设计、店铺公告模板与宝贝分类的设计以及网店详情页的设计。

本书的读者对象

本书主要面向想开网店的初、中级读者，是一本非常适合学习网店装修的教材。对于没有接触过网上开店或想自己装修的读者可轻松入门，对于已经可以自己进行网店店铺装修的读者，同样可以从中快速了解宝贝采集、视觉提升、提高店铺转化率以及装修元素方面的知识点，自如地踏上新的台阶。

本书主要由曹天佑、王君赫和潘磊编著，参加编写的成员还有王红蕾、陆沁、吴国新、时延辉、戴时影、刘冬美、刘绍婕、尚彤、张叔阳、葛久平、孙倩、殷晓锋、谷鹏、胡渤、张希、赵頔、张猛、齐新、王海鹏、刘爱华、张杰、张凝、周荣、周莉、金雨、陆鑫、刘智梅、黄友良、蒋立军、蒋岚、蒋玉、苏丽荣、谭明宇、李岩、吴承国、陶卫锋、孟琦等。

由于作者水平有限，书中疏漏之处在所难免，敬请读者批评指正。

编　者

目录 | Contents

第 1 章 网店美工需要掌握的知识　1

1.1 网店美工概述 / 2
1.1.1 网店美工的定义 / 2
1.1.2 网店美工需要了解的知识 / 3

1.2 宝贝图片的处理 / 4
1.2.1 剪裁与倾斜校正 / 4
1.2.2 修饰宝贝图像 / 7
1.2.3 商品宝贝瑕疵的修复 / 11

1.3 文案在网店美工中的作用 / 16
1.3.1 做文案的目的 / 16
1.3.2 文案的写作方法 / 17
1.3.3 文案的布局 / 18
1.3.4 活动文案 / 21

1.4 店铺首页的美工操作 / 23
1.4.1 店标与店招 / 23
1.4.2 自定义广告区 / 24
1.4.3 宝贝分类 / 25
1.4.4 焦点图的设计 / 26
1.4.5 店铺收藏与联系我们 / 27

CONTENTS

第 2 章 宝贝的采集　　29

2.1 通过拍摄采集宝贝　/30

- 2.1.1 相机需具备的基本功能　/30
- 2.1.2 拍摄所需的辅助器材　/36
- 2.1.3 宝贝拍摄的要求与技巧　/39
- 2.1.4 基本构图与商品摆放　/43
- 2.1.5 为宝贝拍摄主图视频　/46

2.2 视频的简单编辑　/46

- 2.2.1 视频软件介绍　/47
- 2.2.2 生成视频　/52
- 2.2.3 使用 Camtasia Studio 剪辑视频　/54

2.3 厂家图片的下载　/58

第 3 章 提升宝贝的视觉效果　　59

3.1 淘宝图片的裁剪　/60

- 3.1.1 淘宝店铺的常见尺寸　/60
- 3.1.2 自定裁剪区　/61
- 3.1.3 按尺寸裁剪　/62
- 3.1.4 裁剪倾斜图片　/64
- 3.1.5 裁剪透视图片　/65

3.2 商品图的调色处理　/67

- 3.2.1 处理偏暗的图片　/67

CONTENTS

  3.2.2 处理偏亮的图片 / 70

  3.2.3 处理色彩暗淡的照片 / 72

  3.2.4 处理偏色的照片 / 73

  3.2.5 增加多种商品颜色 / 76

3.3 淘宝图片污点的处理 / 77

  3.3.1 使用"内容识别"填充修复照片中的污点 / 78

  3.3.2 使用"污点修复画笔工具"修复照片中的污点 / 79

  3.3.3 使用"修复画笔工具"修复照片中的水印 / 80

  3.3.4 使用"修补工具"清除照片中的日期 / 82

3.4 网店图像的多种抠图技巧 / 84

  3.4.1 规则形状抠图 / 84

  3.4.2 简单背景抠图 / 88

  3.4.3 复杂图形抠图 / 90

  3.4.4 毛发抠图 / 97

  3.4.5 图层关系替换背景 / 99

  3.4.6 半透明宝贝的抠图方法 / 102

  3.4.7 综合抠图方法 / 106

第 4 章 转化流量的视觉图 108

4.1 设计店标 / 109

  4.1.1 店标设计的原则 / 109

  4.1.2 店标的作用 / 110

  4.1.3 店标的制作构思 / 110

  4.1.4 店标的制作过程 / 111

CONTENTS

   4.1.5 动态旺铺的店标设计 / 113

   4.1.6 发布店标 / 116

  4.2 **直通车图片的设计** / 117

   4.2.1 直通车图片的设计原则 / 118

   4.2.2 直通车在淘宝中的位置 / 123

   4.2.3 设计与制作直通车图片 / 124

  4.3 **钻展图片的设计** / 127

   4.3.1 钻展图片的设计原则 / 128

   4.3.2 钻展图片主图的设计与制作 / 129

   4.3.3 钻展图片右侧小图的设计与制作 / 135

第 5 章　提升转化率的主页装修图的设计　　138

  5.1 **店招的设计** / 139

   5.1.1 店招设计的原则 / 139

   5.1.2 店招的设计与制作 / 140

  5.2 **首屏广告图的设计** / 146

   5.2.1 全屏广告图的设计与制作 / 147

   5.2.2 标准通栏广告图的设计与制作 / 153

  5.3 **轮播图的设计与制作** / 154

   5.3.1 全屏轮播图图像的设计与制作 / 155

   5.3.2 标准通栏轮播图的设计与制作 / 161

CONTENTS

5.4 自定义区域图像的设计与制作 / 162

    5.4.1　750 像素广告图的设计与制作　/ 163

    5.4.2　190 像素广告图的设计与制作　/ 167

    5.4.3　图像陈列的设计与制作　/ 169

    5.4.4　项目区图像的设计与制作　/ 173

第 6 章　店铺公告模板与宝贝分类的设计　　176

6.1 宝贝分类的设计 / 177

    6.1.1　宝贝分类的设计原则　/ 178

    6.1.2　宝贝分类图片的设计与制作　/ 178

    6.1.3　宝贝子分类的设计　/ 182

6.2 店铺公告模板的设计与制作 / 184

    6.2.1　750 像素店铺公告模板的设计　/ 184

    6.2.2　750 像素店铺公告动态模板的设计　/ 186

    6.2.3　190 像素店铺公告模板的设计　/ 188

6.3 店铺收藏的设计与制作 / 189

6.4 客服图片的设计与制作 / 194

第 7 章　网店详情页的设计　　196

7.1 详情页的设计思路以及操作流程 / 197

7.2 详情页的格局构成 / 198

CONTENTS

7.3　详情页的设计原则 / 200

7.4　详情页的设计与制作 / 201

  7.4.1　宝贝商品提升质感的方法 / 202

  7.4.2　详情页的框架 / 206

  7.4.3　商品照片的抠图 / 207

  7.4.4　商品广告区的设计 / 209

  7.4.5　商品细节展示区的设计 / 216

  7.4.6　商品组合展示区的设计 / 221

  7.4.7　商品描述区的设计 / 226

  7.4.8　尺码区的设计 / 227

  7.4.9　购物须知区的设计 / 228

  7.4.10　合成详情页 / 229

第 1 章
网店美工需要掌握的知识

本章重点

- 网店美工概述
- 宝贝图片的处理
- 文案在网店美工中的作用
- 店铺首页的美工操作

本章主要为大家介绍当今新兴的一种职业——网店美工，了解什么是网店美工，从事此职业时需要了解并掌握哪些知识。

在网上买家看不到产品本身，图片顺理成章就成为产品的替代品，再卖力的吆喝都抵不上一张精美的图片，所以美工对于电商的重要性就不言而喻了。网店中的图片不单只是一张照片这么简单，图文的充分结合更能体现商品的价值。作为网店美工最应该掌握的基本知识就是宝贝图片的处理、文案的运用、图文结合以及店铺首页的效果装修。

对于专业从事网店美工效果设计的人员来说，掌握并精通 Photoshop 就几乎可以完成图像处理与设计的全部工作了，如果想进一步优化自己的作品，再接触一些矢量绘制方面的软件，如：CorelDRAW、Illustrator、Flash 等就更加轻松自如了。

使用 Photoshop 处理照片是一件非常轻松的事情，如图 1-1 所示。

图 1-1　网店中美工处理过的图片

1.1 网店美工概述

对于初次接触网店的朋友可能会对网店美工有点陌生，网店美工可以把网店中出售的商品图片处理得更加吸引人，结合文字与照片，不但在视觉上起到吸引人眼球的目的，还要使人在文本中对功能、特点一目了然，从而增加流量，得到应有的效益。

1.1.1 网店美工的定义

网店美工是 IT 行业的一种职业，工作范围包括：网店美工设计、网店装修色系与产品色系的美学解构、网店的全面装修、产品图片的处理、广告促销图片和产品描述图片的处理等。

网店美工可以将网店中传达的视觉信息进行放大，吸引店铺流量、增加店铺的收入，经营同样商品的网店，他们传达给浏览者的第一信息就是店铺的整体装修效果以及商品图片的处理细致程度，图 1-2 所示为经过美工加工的广告图片。

图 1-2　美工加工过的图片

1.1.2　网店美工需要了解的知识

网店美工作为一种新兴的 IT 行业工种，在行使工作职能时要了解该工作具体涉及的一些相关知识。

工作范畴

工作范畴包括网店美工设计、网店装修色系与产品色系的美学解构、网店的全面装修、产品图片的处理、广告促销图片和产品描述图片的处理等。

职业技能

熟练使用 Photoshop、Dreamweaver、Flash、Illustrator、各类网页设计语言、Fireworks 及 CorelDRAW；另外，还需要网店美工具备以下素质：扎实的美术功底、丰富的想象力和良好的创造力，网页设计、平面设计、广告设计工作经验，美术类、平面设计、广告及相关专业，较好的文字功底。可见，网店美工不仅要求会相关的绘图软件，还要求懂一定的网页设计语言和有一定的文字功底。对于初级的专业美工而言，掌握 Photoshop 就能把店铺的装修内容搞定。

做网店美工需掌握的知识

在针对整个网店的装修过程中，需要对美工掌握的知识简单列一下清单，其中包含文案策划、视觉规范、商品图片的规范、商品图片的处理、广告图的设计、详情页的设计和页面的整体发布。

职业趋势

随着网络营销的发展壮大，网店美工的市场需求日益增多，这是一项很稳定且有前途的职业。

1.2 宝贝图片的处理

网店中出售的商品通常被直接称呼为宝贝，如果想在多数同类商品中拔得头筹，就得为拍照后得到的宝贝进行加工，也就是俗称的图片处理，在为宝贝图片处理时最主要的就是剪裁与倾斜校正、修饰宝贝图像、商品宝贝瑕疵的修复，在处理过程中注重细节才能将宝贝照片编修得更好。

1.2.1 剪裁与倾斜校正

剪裁与倾斜校正通常就是将不符合大小或拍摄时有一些倾斜的照片，进行正确的裁剪和摆正，此时就应该掌握一些 Photoshop 方面的知识。

Photoshop 软件中的裁剪功能可以将图片按随意大小进行裁剪，也可以按固定数值大小进行裁剪，网店中需要的图片大小通常都是有尺寸要求的，如图 1-3 所示。所以按固定数值大小进行裁剪是网店图片裁剪时应该了解的，具体的裁剪过程可以参考第 3 章。

图 1-3　宽度为 190 像素

提示：淘宝店铺布局时，分为左、右两个自定义内容区，其宽度固定为 190 像素和 750 像素，高度可以按照内容自行设置。

对于照片的倾斜校正就是通过 Photoshop 快速将照片内容按正确位置角度进行旋转并进行二次裁剪，也就是对宝贝图片进行二次构图，如图 1-4 所示。

图 1-4　摆正前后的照片

当使用数码相机拍摄照片时，由于相机没有自动转正功能，会使输入到电脑中的照片由直幅变为横躺效果，此时将其直接上传到网店中会使商品看起来很不舒服，这会使商品的成交率大大下降。此时即可利用 Photoshop 快速将横幅的照片转换成直幅效果，转换方法如下。

图 1-5　素材

操作步骤

01 启动 Photoshop 软件，打开本书配备的"素材 | 第 1 章 | 横躺照片素材"，如图 1-5 所示。

02 执行菜单栏中的"图像"→"图像旋转"命令，在子菜单中便可以通过相应的命令来对其进行更改，如图 1-6 所示。

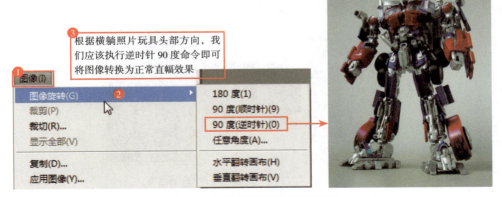

图 1-6　将横躺照片转换为直幅效果

提示：在 Photoshop 中使用自由变换命令对图像进行旋转时，图像的最后显示高度只能是原图横躺的高度，超出的范围将不会被显示，如图 1-7 所示。

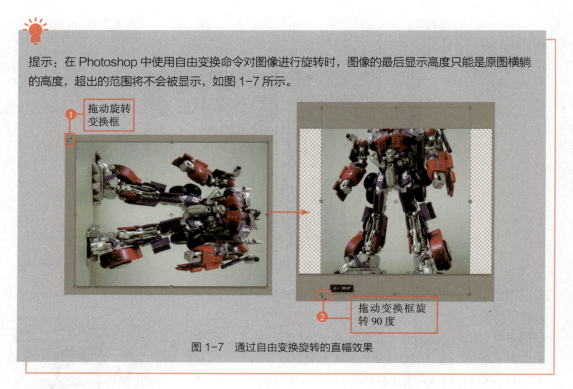

① 拖动旋转变换框

② 拖动变换框旋转 90 度

图 1-7　通过自由变换旋转的直幅效果

提示：在制作展示宝贝图片和宝贝描述图片时，应该注意以下几点。
（1）保持图片的清晰度，不要将图片拉伸或扭曲。
（2）宝贝图片要居中，大小要合适，不能为了突出细节而造成主体过大。这样的视觉效果会使买家看着不舒服，分不清主次，使买家不能快速了解你的产品。
（3）宝贝图片背景不能太乱，要与主体相配合。

通过 Photoshop 来对其进行重新构图和修正，可以把最终在网店中显示的效果进行一下对比，图 1-8 所示为调整前后的对比效果。

TIPS　横躺效果

图 1-8　调整前后的对比

图 1-8　调整前后的对比（续）

1.2.2 修饰宝贝图像

　　如果网店中出售的商品照片是自己拍摄的，此时您一定会考虑两个问题：一个是如何让买家更喜欢您的照片而进行产品购买；另一个是您又不想自己辛苦拍摄并处理的网拍产品被别人稍加窜改就变为他人的网店商品。此时就得从宝贝照片修饰方面考虑，也就是添加一些属于自己风格的图片或文字，起到维护版权的作用，这样才不会被别有用心的人进行利用，如加一些浮在表面的水印、保护线或者一些说明文字等。

为商品添加保护线

　　上传到网店中的网拍产品，有时会被别人盗用变为自己的产品照片，如果你不想被别人盗用，可以考虑通过 Photoshop 为产品添加版权保护线，从而减少别人盗用的机会。因为添加保护线后的照片会增加盗用的难度，所以想盗用的人就会考虑修图的烦琐而放弃盗用，此时也会间接地加大自己商品的成交概率，图 1-9 所示图像

图 1-9　添加保护线效果

为添加保护线的效果。

提示：添加的保护线最好不要遮住商品本身，在图片中既要与主体相融合，又要起到保护本图的作用。切记不要抢了照片本来的第一视觉点。

为商品添加文字水印

为照片添加文字水印，除了能增加其专业性和整体感外，还能保护自己的照片防止被别人盗用，添加的文字水印一般都比较淡，不会影响商品本身的观赏性，如图1-10所示。

图1-10　添加的文字水印

提示：为网拍商品添加文字水印时，最好将水印在不影响整体美观的前提下放置到纹理较复杂的区域，这样对于盗用者来说修改起来会非常麻烦，间接地保证了网店商品的唯一性。

为商品添加图像商标或图像水印

为照片添加水印，不但可以直接输入文本，还可以将具有本店特征的图片直接添加到商品照片中。以图像性质的水印既可以是本店的商标，也可以是文字与图形相混合的图像，目的就是为了让自己辛苦得到的图片不被盗用，如图1-11所示。

图1-11　添加的图像水印

提示：将文字与图像混合后制作成半透明水印，既不影响商品照片的整体效果，也不会抢了照片本来的视觉点，添加的图像水印最好放置到商品照片的边缘位置，如图1-12所示。

图 1-12 添加的透明水印

为商品添加情趣对话

网拍商品直接放在网店中出售，浏览者只能以欣赏商品的目光来看待此产品，如何为商品增加更多的人气，是每个店家都会考虑的事情，如果出售的是卡通商品，那么为商品照片添加一些情趣对话，无疑会更能吸引购买者驻足，在买家的购买冲动时间内快速增加买家对该商品的喜欢程度，这样，交易概率也就会增大，如图 1-13 所示。

图 1-13 添加情趣对话

快速为多个商品添加文本水印

网上开店商品照片会很多，使用 Photoshop 中的画笔工具定义一个画笔，就可以快速为宝贝照片添加统一类型的文本或图像水印，如图 1-14 所示。

图 1-14 添加多个图片的水印

提示：打开多个素材后，使用画笔工具可以添加水印。添加水印时，最好在图像大致相同的位置添加水印后再上传到网店中。

如何快速为多张照片添加水印就是一件很费事的事，本例教大家在 Photoshop 中通过定义画笔后，使用画笔工具快速添加统一风格的水印。定义画笔并添加水印的具体操作如下。

操作步骤▶▶

01 启动 Photoshop 软件，打开本书配备的"素材\第1章\猫头鹰.jpg"素材文件，输入文字，如图 1-15 所示。

图 1-15 打开素材文件并输入文字

02 按 Ctrl+T 组合键调出自由变换框，拖动控制点将文字旋转，如图 1-16 所示。

03 按 Enter 完成变换，按住 Ctrl 键单击文字图层的缩览图，调出文字的选区，如图 1-17 所示。

图 1-16 变换　　　　　　　　　图 1-17 调出文字选区

 提示：将文字或图像定义成画笔时最好使用黑色，这样定义的画笔颜色会重一些。

04 执行菜单栏中的"编辑"→"定义画笔预设"命令，打开"画笔名称"对话框，其中的参数值设置如图 1-18 所示。

图 1-18 "画笔名称"对话框

第 1 章　网店美工需要掌握的知识

05 设置完毕单击"确定"按钮，按 Ctrl+D 组合键去掉选区，隐藏文字图层，新建"图层 1"图层，如图 1-19 所示。

06 在"工具箱"的（画笔工具）"画笔拾色器"中找到"水印"画笔，如图 1-20 所示。

图 1-19　面板　　　　　　　　图 1-20　选择水印

提示：定义的画笔可以应用到多个图像中。

07 将"前景色"设置为"白色"，设置"不透明度"为 29%，在素材上单击 ✏（画笔工具）按钮即可为其添加多个水印，效果如图 1-21 所示。

图 1-21　最终效果

1.2.3　商品宝贝瑕疵的修复

在网店中出售的商品是离不开照片的，如果单独以文字描述商品，会大大降低购买者对该产品的兴趣，一张好的网拍商品照片不但可以直观地展示该商品所具有的图形信息，还能从中看到其主要特色，从而加大销售的砝码，为店主创造利润。对于大多数店主来说，拍好一张照片不是一件容易的事情，由于环境光线、商品摆放角度、没有移走的其他物品或相机中自动添加日期都会对当前照片起到一定的副作用，如图 1-22 所示。修复过程中具体工具的使用方法大家可以参考第 3 章。

图 1-22　照片中的瑕疵

清除照片中的日期

现在的相机都有拍摄照片的同时留下拍摄日期的功能，如果没有将该功能关闭，在拍摄的照片中就会出现当前照片拍摄时的日期，出现日期的照片是不适合作为网店商品图片的，此时就需要通过 Photoshop 将照片中的日期清除掉。去掉日期后的效果如图 1-23 所示。

图 1-23　清除照片中的日期

去掉网拍产品中的多余部分

拍摄商品照片时，有时会将旁边多余的物件或某个局部一同拍摄到产品照片中，直接传到网上会影响整张照片的美观度，此时就需要对照片进行修复，以满足用户的审美需要，如图 1-24 所示。

图 1-24　去掉网拍产品中的多余部分

修复照片中的污渍

商品在搬运或存放的过程中很容易受到外界的干扰，从而在商品本身沾上油污或墨迹，在拍照时污点同样会出现在照片中，这样直接上传到网店中会影响商品在购买者心目中的形象，只有修复为最初效果才能起到吸引买家的作用，如图 1-25 所示。

图 1-25 污渍对比效果

将模糊照片调清晰

使用相机进行拍摄时，受外界环境的影响，常常会使照片效果有一种朦胧模糊的感觉，或者是拍摄照片时由于技术原因，很多照片都会变得有些模糊，此时只要使用 Photoshop 进行锐化处理便可以将照片变得清晰一些。具体的调整方法如下。

操作步骤 ➡➡

01 启动 Photoshop 软件，打开本书配备的"素材\第1章\毛毛熊.jpg"素材文件，如图 1-26 所示。

02 打开照片后，发现照片有一些模糊，如果直接将此照片上传到网店中，由于看着不是很清晰，势必会影响此产品的销量。

03 下面就对模糊的效果进行调整，在 Photoshop 中只要通过"USM 锐化"命令即可实现。方法是执行菜单栏中的"滤镜"→"模糊"→"USM 锐化"命令，打开"USM 锐化"对话框，其中的参数值设置如图 1-27 所示。

图 1-26 素材文件

图 1-27 "USM 锐化"对话框

技巧：使用"USM 锐化"滤镜对模糊图像进行清晰处理时，可根据照片中的图像进行参数设置，近身半身像参数可以比本例的参数设置得小一些，可以设定为（数量：75%、半径：2 像素、阈值：6 色阶）；若图像为主体柔和的花卉、水果、昆虫、动物，建议设置为（数量：150%、半径：1 像素、阈值：根据图像中的杂色分布情况，数值大一些也可以）；若图像为线条分明的石头、建筑、机械，建议设置半径为 3 或 4 像素，但是同时要将数量值稍微减弱，这样才不会导致像素边缘出现光晕或杂色，阈值则不宜设置太高。

04 设置完毕单击"确定"按钮，效果如图 1-28 所示。

技巧：对于一般的模糊照片，只要执行菜单栏中的"滤镜"→"锐化"→"锐化"命令，即可将图片调整清晰。

图 1-28 最终效果

对服装模特面部进行磨皮美容

在为服装拍摄照片时，往往会找到适合当前服装的模特作为拍摄的载体，但是有时会因为光线或对相机的不熟悉而造成模特肌肤不够美白，从而间接影响服装的魅力程度。再美的服装也需要模特来衬托，漂亮的模特会大大提升服装本身的价值。本例就教大家为照片中服装模特进行磨皮的方法，具体操作如下。

操作步骤

01 启动 Photoshop 软件，打开本书配备的"素材\第 1 章\雀斑照片.jpg"素材文件，如图 1-29 所示。

02 选择 （污点修复画笔工具），在属性栏中设置"模式"为"正常"，"类型"为"内容识别"，在脸上雀斑较大的位置单击，对其进行初步修复，如图 1-30 所示。

图 1-29 素材文件

图 1-30 使用污点修复画笔工具

03 执行菜单栏中的"滤镜"→"模糊"→"高斯模糊"命令,打开"高斯模糊"对话框,设置"半径"为"6.4",如图 1-31 所示。

04 设置完毕单击"确定"按钮,效果如图 1-32 所示。

05 选择 (历史记录画笔工具),在属性栏中设置"不透明度"为"38%""流量"为"38%",执行菜单中的"窗口"→"历史记录"命令,打开"历史记录"面板,在面板中"高斯模糊"步骤前单击调出恢复源,再选择最后一个"污点修复画笔"选项,使用 (历史记录画笔工具)画笔在人物的面部涂抹,效果如图 1-33 所示。

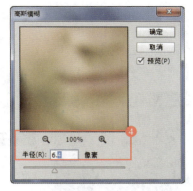

图 1-31 "高斯模糊"对话框

图 1-32 模糊后

图 1-33 设置历史记录源

提示:在使用 (历史记录画笔工具)恢复某个步骤时,将"不透明度"与"流量"设置得小一些可以避免恢复过程中出现较生硬的效果,将数值设置小一点可以在同一点进行多次的涂抹修复,而不会对图像造成太大的破坏。

06 使用 (历史记录画笔工具)在人物的面部需要美白的位置进行涂抹,可以在同一位置进行多次涂抹,恢复过程如图 1-34 所示。

07 在人物的皮肤上进行精心的涂抹,直到自己满意为止。效果如图 1-35 所示。

图 1-34 恢复过程　　　　　　　　　　　　图 1-35 最终效果

提示：在对因为拍摄环境或本身皮肤较黑的模特进行肤色美白时，可以通过"色阶"调整命令或使用 （减淡工具）直接在皮肤处涂抹，就可以快速将皮肤进行美白，如图1-36所示。

图1-36　美白皮肤

1.3 文案在网店美工中的作用

对于网店美工来说不是只会图像处理就一切万事大吉了，一幅好的美工作品，文案所起的作用是至关重要的，在整体作品中文案起到画龙点睛的作用。

好的文案不但能为商品本身进行详细的介绍，还能兼顾整体广告创意的一部分。从广告上来说，就是将你的产品卖点通过文字渗透到买家的思维中，让他接受你，认同你，从而购买你的产品。

而要做好一个网店美工的文案，你可能不仅要懂得文字上的知识或者技巧，还要了解一些店铺装修方面的知识。要能和美工很好地沟通，能让美工将你的文案想法转换为图片展示出来才是成功的关键。

1.3.1 做文案的目的

网店中涉及的文案通常都会与商品本身图片相辅相成。店铺的推广不仅在于一些网店推广方法的运用，文案也是其中一个重要的影响因素。华丽而不失典雅、自然而不失人气的店铺文字，和主体的风格相映成辉，可以大大提高宝贝的转化率。对于店铺来说，优秀的文案策划,不仅要做文字功,还要用文字来引导销售,与主体图像相呼应。完全融入到整张图片当中,作为整体创意的一部分,同时起到吸引眼球的作用,如图1-37所示。

图1-37 文案与图片相融合

1.3.2 文案的写作方法

首先要清楚为什么要写与图相对应的文案?必须符合产品的整体营销战略。是单独使用还是和其他文案组成一个系列?在整个广告活动中所写的这篇文案担负着什么样的任务?是前期概念宣传、还是直接推动卖货抑或是传达促销信息提高销量?

写文案的目的就是卖货,文案的作用就是与消费者进行"深度沟通",让每一句话说到消费者心坎里。文案的主题就是市场营销策略围绕消费者展开,软文要配合营销战略,针对消费者猎奇、治疗、健康、美容等心理展开。每篇软文只能有一个主题,常常用一个系列、一个阶段的软文围绕一个主题(在一定阶段内,用各篇软文组成一个系列,围绕一个主题进行话题炒作,如图1-38所示。

图1-38 文案示例

1.3.3 文案的布局

对于网店美工的文案布局大体可以分为对齐布局、参照布局、对比布局以及分组布局4种，每种布局都有自己的特点，下面就看看这4种布局的具体使用。

对齐布局

文案对齐布局通常会以边对齐和居中对齐两种形态存在，每种对齐方式都是以产品本身图片作为依据的。

边对齐在淘宝美工中使用通常会以文本的一端作为对齐线，使文本与整体看起来给人以稳重、力量、统一、工整的感觉，是淘宝中最常见的一种文案布局方式，如图1-39所示。边对齐比较适合新手操作，只要掌控画面整体，文本部分在主体边上只要注意对齐即可。

图1-39 文案边对齐示例

居中对齐在淘宝美工中使用通常会以文本的水平居中位置作为对齐线，或者文本与整个画面进行居中对齐，使文本与整体看起来给人以正式、大气、高端、有品质的感觉，在淘宝海报中居中对齐通常要把文字直接打在商品上面，文案部分的遮挡会与主体部分形成一个前后叠加的感觉，看起来更加具有层次感，在不遮挡主体时，单纯的文字居中对齐，同样会使整张海报具有大气上档次的感觉，如图1-40所示。

图1-40 文案居中对齐示例

图 1-40　文案居中对齐示例（续）

参照布局

参照布局通常是指根据美工得到图片的类型，将文本部分与图片特点进行合理位置布局的方法，根据主图的特点，文本在图像中主要起到平衡整体的作用，如图 1-41 所示。此布局方法不适合初学者。

对比布局

在一幅作品中如果不体现对比，那么就不能说此作品中存在设计，人们是不喜欢欣赏平淡无奇的东西的，喜欢存在对比效果的画面。

使用有对比效果的排版技巧，可以瞬间增加画面的视觉效果，对比原则包含的内容很多，如虚实对比、冷暖对比、字体粗细对比等，如图 1-42 所示。不同类型的对比局部，视觉效果也会不同，如图 1-43 所示。

图 1-41　参照布局

图 1-42　对比布局一

图1-43　对比布局二

分析：通过两张图片的对比不难看出，在排版时只使用对齐是远远不够的。在对齐的基础之上再通过对比布局，可以使图像的视觉感增加一个层次。在两张海报的对比中，可以发现第二张图片运用了对比原则，使画面更加吸引人，文案的组织结构也是一目了然，更便于浏览者阅读。

注意：
找出文案中重点的语句，运用大小对比和粗细对比，加强文字的强调和区分！
字体部分如果要对比就要选择对比较分明的字体，既然要对比就要显示出大的够大、小的够小、粗的够粗、细的够细，让浏览者更加容易记住。
对比不光增加视觉效果，而且还加强了文案的可读性，不要担心字小而错过浏览者的阅读，只要强调的部分吸引住了顾客，对下面的小文字会下意识地进行阅读。
对比还可以通过文本以背景的高反差效果进行显示，背景如果按不同的颜色形状进行绘制，上面的文字与背景色作为对比参照物，这样更能吸引浏览者，加强整体视觉效果。

分组布局

在图像中如果存在的文案过多,就不能单纯地使用对齐加对比等布局效果了,此时需将文本进行分类,将相同的文本信息文案摆放在一起,这样不仅使整个画面看起来有条有理,也非常美观,而且更加有利于浏览者进行阅读。每个分类可以作为一个元素进行重新布局,如图 1-44 所示。

图 1-44 分组布局

1.3.4 活动文案

网店美工的活动文案与纯文本的软文文案不同,需要与素材图片相结合,并配合当前活动的要求,设计上还要与整体相呼应,如店庆活动、节日活动等,既要简练又要突出主题,对于网店美工来说是比较考验设计能力的,如图 1-45 所示的效果即为融入整体的活动文案。

图 1-45 活动文案

图 1-45 活动文案（续）

活动文案的目标就是为了带动流量、提升销量、增强知名度等。在撰写活动文案时要体现以下几个要点。

1 活动介绍

活动介绍包括活动主题、活动时间、活动地点、目标人群、活动目标、活动背景介绍（如主办方、协办方）等。

2 活动规则

活动规则包括活动具体的参与办法、面向人群、具体的奖项设置、评选规则和办法等。

3 活动实施

活动实施要说明活动的具体实施步骤、具体的时间以及大概折扣或奖项内容。

4 趣味性要强

活动的趣味性越强越好，只要活动好玩有趣，参与的人就会多。活动的氛围烘托起来之后，自然就达到了活动文案的目的。

5 得到实惠

只有在文案中，让买家看到本次活动中的让利力度，才能真正调动起买家的积极性。销量增加了，卖家同样也就会得到属于自己的那部分利益，互利互惠才能更好地将活动持续下去。

1.4 店铺首页的美工操作

网店首页的好坏,可以直接影响店铺的生死,一个完整的网店页面都是由各个功能元素组成的,每个元素都具有独特的功能,其中主要包含店招、促销广告、联系方式、店铺收藏、店铺公告和焦点图等。

1.4.1 店标与店招

店标

在开张的淘宝店铺中店标通常指的是网店的核心标识,也就是店铺的LOGO,是店铺的标志,文件格式为GIF、JPG、JPEG、PNG,文件大小在80KB以内,建议尺寸为100像素×100像素。

淘宝开店主要是在经营方面,不过一些淘宝店铺装修等小小的细节也是不可疏忽的,淘宝店标的设计与装修就是其中一点,创意的淘宝店标设计,当顾客搜索店铺类目或是进行收藏的时候,好看的店标容易让人记住。

对于一个店铺而言,店标有着相当重要的地位。大到国际连锁品牌,小到零售网店,一般都会有自己的独特标志。标志能够代表一个品牌、一种形象,更能给顾客留下深刻的印象,并稳定扩展自己的客户群。淘宝店标正是担当这一重要目标的载体,可以代表着店铺的风格、店主的品位、产品的特性,也可起到宣传的作用。店标按类型可分为动态和静态两种,在淘宝店铺中按照店铺进行搜索时,会看到每个店铺的店标,如图1-46所示。

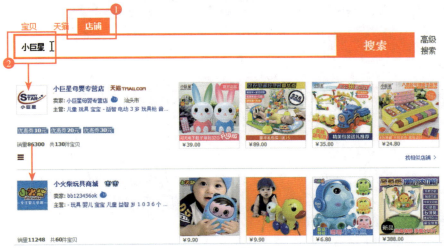

图1-46 店标

店招

　　店招是网店的灵魂,在网店中店招必须放置在页面的顶部,用来说明经营项目,是招揽买家的一个缩览。店招首先要让买家知道店铺的经营范围。

　　店招,顾名思义就是店铺的招牌,对于实体店来说,店招就是店铺的招牌,从品牌推广的角度来看,在繁华地段一个好的店招不光是店铺坐落地的标志,更是起到户外广告的作用。好的店招要求主要是有标准色(字)、宽度、长度、清洁、明亮,灯光要求是亮度、灯的间隔距离、打灯的时间。

　　网店不需要门面,所以店招就是网店的门面,即虚拟店铺的招牌。一般都有统一的大小要求,以淘宝网来说,店招为950像素×150像素,单独店招部分高度为120像素加上默认导航30像素,整个店招部分的高度也就是150像素。格式为JPG、GIF(淘宝网自身有Flash的店招)。对于自己的门面当然是越吸引人越好,所以网店美工的工作也就应运而生了,一个好的店招完全可以体现出本店的特点和所售产品,在让买家记住的同时也就会自然地增加本店的销量,不同店铺设计的店招也是不同的,有简单的也有复杂的,如图1-47所示。

图1-47　店招

1.4.2　自定义广告区

　　在淘宝网店中,将产品直观展现给浏览者并对产品制作出相应广告效果的区域称为自定义广告区,是最受买家关注的区域之一。自定义促销区域在淘宝旺铺中可分为通栏广告效果、750像素自定义广告和150像素自定义广告,在制作时要考虑到淘宝店铺对于图片装修尺寸的要求以及大小要求,如图1-48所示的图像为店铺的全屏通栏广告、750像素自定义广告和190像素自定义广告效果。

图 1-48　自定义广告

1.4.3 宝贝分类

在网店中如果上传的宝贝过多，那么浏览起来就会变得非常麻烦，此时如果将相同类型的宝贝进行归类，将宝贝放置到与之对应的分类中，此时再进行查找会十分轻松，网店中的宝贝分类就是为了让买家以最便捷方式找到自己想买的物品，在店铺中对于宝贝分类可以按照网店的整体色调进行设计，好的宝贝分类可以让买家一目了然，如图 1-49 所示。

图 1-49 宝贝分类

1.4.4 焦点图设计

焦点图也叫轮播图,可以将多个静态图进行轮换显示,这样可以更加吸引买家的注意力,使买家把注意力放在本店的时间增加,从而实现盈利的目的,如图 1-50 所示。

图 1-50 焦点图

注意:在淘宝中焦点图的高度需在 100~600 像素,宽度可以是全屏、750 像素、190 像素。

1.4.5 店铺收藏与联系我们

1 店铺收藏

在淘宝网店中之所以会添加醒目的店铺收藏，主要有两个原因：一是淘宝系统的收藏按钮过小，不利于引起买家的注意；二是店铺的收藏人气会影响店铺的排名。

既然店铺收藏设置意义在于引起买家的注意，吸引更多的人自愿收藏店铺，那么在设计与制作时首先要求醒目，然后才会考虑其他的因素，如图1-51所示。

图1-51　店铺收藏

2 联系我们

在店铺中添加联系方式可以让买家对浏览的店铺更加信任，联系方式可以按照店铺的设计类型放置在不同位置，可以是单独的标准通栏的长度，也可以随左侧或右侧广告促销一同出现，如图1-52所示。

图 1-52 联系方式

第 2 章 宝贝的采集

本章重点
- 通过拍摄采集宝贝
- 视频的简单编辑
- 厂家图片的下载

　　本章主要为大家介绍网上商品的捕获方法。关于宝贝的采集方式，大致可分为图片类和视频类。对于开设网店的店主来说，采集宝贝是一件非常重要的事情，一张好的主图对于网店来说，绝对拥有说服力，如果换作主图视频，说服力还会增加一些，毕竟视频对于买家来说显得会更加真实。

　　对于拍摄宝贝来说，一定要了解相关的器材知识以及一些简单的拍摄知识。

2.1 通过拍摄采集宝贝

网店宝贝的图片，对于大多数店主来说都是通过自行拍摄得到的，这样的好处就是商品照片具有本店的统一特色。如果想要拍好宝贝照片就要了解相机具备的基本功能、拍摄所需的辅助器材、宝贝拍摄的要求与技巧、商品拍摄时的布局等相关知识。

2.1.1 相机需具备的基本功能

相机并不是越贵越好，淘宝网对商品图片的要求为 500 像素 ×500 像素（一般最大不超过 1024 像素），大小在 120KB 以内，JPG 或 GIF 格式。由此可见，网店商品图片对相机的像素值并没有太高的要求，300 万像素的相机即可胜任（即普通卡片机也可以）。但为了确保图像对焦准确、画面清晰且色差少，建议还是使用单反相机。

本节为大家讲解相机的选择、拍摄设置等方面的知识。

相机的选择

当今市面上流行的相机品牌有很多，如索尼、尼康、佳能、三星等，对于网拍相机的选择最好看它是否具备以下 4 点。

☆ 适合的感光元件：市面上的数码相机主要有全面幅、APS-C、Foveon X3、2/3 英寸、1/1.8 英寸、1/2.5 英寸、1/2.7 英寸、1/3.2 英寸。在选择时尽量选择 1/1.8 英寸以上的。

☆ 强悍的手动模式（M 模式）：可以根据拍摄物品所在的环境自行调整各个设置。

☆ 必备的热靴插槽：可以外接相机的辅助设备。

☆ 强劲的微距：使用微距功能可以拍摄细小零部件。如果您使用的相机是普通的数码相机，即 DC，那么，要考虑一下这个问题，如果您使用的是单反相机，那么应该考虑配套的镜头是不是有微距功能。

在选择相机时市面上有两种选择：一种是普通数码相机；另一种是单反相机。

普通数码相机最大的特点就是价格实惠，在普通数码相机中，有很多都是比较薄、便于携带的，因此这类轻薄的相机又被大家称为"卡片机"，是普通数码相机中的主流产品，绝大多数价格集中在 600~4500 元，普通数码相机的像素一般在 1000 万 ~1600 万，对于拍摄淘宝商品来说已经够用了，图 2-1 所示为索尼 SONY T900 数码相机，1210 万像素、分辨率为 4000 像素 ×3000 像素、3.5 英寸 92 万像素的显示屏、光学变焦倍数为 4、最大数字变焦倍数为 8。

单反相机是比较专业的拍摄相机，以拍摄的质量来说，单反相机绝对比普通数码相机好，但是价格相对来说也比较高，一般都在数千元以上，单反相机的镜头与相机之间都是可以分离的，相机本身可以使用不同的镜头进行拍摄，如果淘宝店主想要一些比较精致的宝贝画面的话，不妨选择一款适合自己的单反相机作为宝贝拍摄器材。图 2-2 所示为尼康 D7100 单反套机，含尼康 AF-S DX 尼克尔 18~105mm f/3.5-5.6G ED VR 镜头，时价 5500 元左右，是一款购买者比较多的入门级单反相机。

图 2-1　索尼 SONY T900 数码相机

TIPS　网店首屏广告

拍摄设置

对宝贝进行拍摄时，首先要对自己的相机进行一些必要的设置，这样才能拍出比较理想的效果，具体的拍摄设置如下。

1 光圈

光圈的大小和景深的深浅有着密切的关系。在其他参数设置不变的情况下，光圈值越小景深就越浅，画面的背景就越模糊；光圈值越大，景

图 2-2　尼康 D7100 单反套机

由于单反相机的体积较大、机身较重、不利于携带的缺点，相机厂商研制出了一款"单电相机"或"微单相机"，该相机取消了反光板，使体积大大缩小，拍摄效果虽然略低于单反相机，但是价格相对来说却大大降低了。对于一个追求好效果，但资金预算又有限制的店主来说，选一款此相机应该是不错的选择，图 2-3 所示为佳能（Canon）EOS M3 相机。

图 2-3　佳能（Canon）EOS M3 相机

深就越深，画面的背景就越清晰。为了将商品表现清晰，光圈值控制在 F8 以上为佳，如图 2-4 所示。

2 选择合适的 ISO 感光度

选择合适的 ISO 感光度也非常重要，ISO 是感光元件对光线的敏感程度，ISO 数字越

大对光线越敏感，画面越亮，同时画面噪点也会增加；反之，则画面暗淡，在光线亮度有保证的情况下，用较低的ISO50或者ISO100拍摄，画面会更细腻，设置方法如图2-5所示。

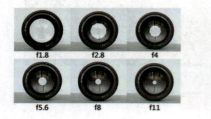

图2-4　光圈

 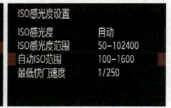

图2-5　ISO感光度

3 快门速度

快门速度的衡量标准是秒，或者在大多数情况下，是秒的分数。表达快门速度的分数中，一般用1/xxx来表示，分母越大，快门速度越快，如1/1000的速度远远超过1/30。

数码相机的快门速度是成倍增加或减少的。你通常会有以下几个快门速度的选择，如1/500、1/250、1/125、1/60、1/30、1/15、1/8等。这种"倍增"的设定是方便摄影师记住光圈的设置也增加了一倍的大小。因此，增加快门速度一挡或者降低光圈大小一挡将带给你类似的曝光设置。

有些相机也可供选择很慢的快门速度。但是就像我们说过的一样，快门速度还是以秒为单位，如1秒、10秒、30秒。当你想在非常暗的场景下，一个镜头捕捉到大量的运动，或者想拍下某些特殊效果，这种快门速度就非常有效。当然，还有一种更慢的快门，这就是"B"模式，当用数码相机设置成B快门时，当按住快门不放时快门就会一直打开。

快门速度不是孤立的调节设置，上面选择了合适的ISO和光圈值，在考虑光线因素的情况下，设置合适的快门速度，才能得到曝光准确的产品照片。用闪光灯的话，常用1/125秒，常亮灯因瓦数的不同，可考虑1/60秒左右进行调节试拍得到正确曝光，Tv挡的时候，直接转动手柄上的滚轮即可调节快门速度；M挡时，按屏幕旁边的"Q"按钮，将选中快门速度，然后转动手柄上的滚轮即可调节快门速度，设置方法如图2-5所示。

快门优先模式在相机模式转盘上或菜单中通常以字母S或Tv表示，在该模式下相机快门速度由人控制，光圈大小则由相机根据曝光值判断。一般来说，相机上都有一个用来控制快门速度的拨轮，如图2-6所示。但为了稳妥起见，最好还是先看看说明书。

使用高速快门时，如果环境光线不足或镜头最大光圈偏小，无法满足正确曝光的需要，取景器中就会出现相应的警告信息。这种情况下，如果无法改变现场光线条件，就只能通过提高相机的感光度设置使警告消失，如图2-7所示。

使用低速快门时，在环境光线过强的情况下，就会看到与上面一种情况类似的警告信息。调低感光度设置能解决这个问题。但如果将感光度降至最低值后警告依旧没有消失，就只能通过中性灰度滤镜减少进入镜头的光线数量来解决，如图2-8所示。

图 2-6　快门优先模式　　　　图 2-7　使用高速快门的情况　　　　图 2-8　使用低速快门的情况

技巧：对于特定场景拍摄来说，如果改变了其中一个参数的值，就必须调整另一个参数的值才能保证曝光正确。举个最简单的例子，如果希望降低快门速度，就必须缩小光圈或降低感光度。

4　准确的对焦

准确的对焦决定照片的清晰程度。在画面中，对准想要拍摄的产品主体，在其对比鲜明的地方对焦，这样比较容易对焦；再半按快门，锁定对焦点；保持半按快门平移相机得到想要的构图，按下快门拍摄。这里要注意的是"平移"相机，如果前移或后移相机，则焦点已不在想要表现的产品主体上了，拍摄出来的照片也会变得模糊，如图 2-9 所示。

TIPS　对水杯正确对焦　　　　TIPS　没有对焦物品

图 2-9　对焦

5　白平衡的调节

白平衡的调节，如果使用卡片机，没有专门调节白平衡的参数不能自动调节，则建议使用自动白平衡先尝试，如果发现偏色严重，再选择相机中可以选择的白平衡模式。

对于单反相机用户，大多数单反相机都可以调节白平衡参数，这时就可以利用参数，多试验几次，直到准确为止。

要拍出商品在各种光线下色彩的真实表现，就要用到数码相机的白平衡功能，数码相机有多种白平衡模式，如自动白平衡、白炽灯、荧光灯、晴天、闪光灯、阴天等，如图 2-10 所示。

图 2-10　不同相机的白平衡调整

> 提示：万里无云的蓝天的色温约为 10000K，阴天为 7000~9000K，晴天日光直射下的色温约为 5600K，荧光灯的色温约为 4700K，碘钨灯的色温约为 3200K，钨丝灯的色温约为 2600K，日出或日落时的色温约为 2000K，烛光下的色温约为 1000K。

当相机自身预设的白平衡模式都无法还原商品色彩时，就需要自定义白平衡。自定义白平衡之前需要找到一个白色参照物，如纯白色的卡纸、白布等，由于灰卡大多有一灰一白两面，因此也可以用于自定义白平衡。具体的自定义白平衡方法如下。

① 在相机处于开机状态下，将拍摄模式调整到光圈优先（Av/A）、快门优先模式（Tv/S）或手动模式（M）。

② 按下白平衡选择按钮，一边旋转相机的拨轮，一边观察液晶屏，将白平衡模式切换为手动平衡。

③ 开启相机手动对焦模式，让白色参照物占满整个镜头，完成对焦和拍摄。

④ 进入相机菜单列表，选择"自定义白平衡"并按下设置按钮，液晶屏上会显示刚刚拍摄完成的白色参照物，再次按下设置按钮即可。

数码相机的拍摄模式

不同的相机所携带的模式会有所不同，但设置方法大致相同。有些数码相机也带有手动模式，单反相机还带有预设模式，这些都是为了调节进光量而设计的。数码相机拍摄模式的转换是依靠旋转"拍摄模式转盘"来进行的。

1 AUTO（全自动模式）

这是最省事的拍摄模式，只要取景、对焦、按下快门即可拍照。至于白平衡、快门、光圈、ISO 值等都交给照相机自动处理即可。在此种模式下，由于参数设置得不精确，导致成像很一般，毫无特色可言。

2 P（程序自动曝光模式）

这种模式可以让相机自动设置快门速度和光圈大小，与 AUTO 模式相同。如果不能取得正确曝光，液晶显示屏上的快门速度与光圈值便会以红色显示。这时可以手动调节许多参数。

例如，在曝光不正确的情况下，可以通过开启闪光灯、手动更改 ISO 值、改变测光方式、进行曝光补偿等方式使图像正确曝光，还可以通过白平衡的设置以表现更真实的图像色彩。

要知道，照片效果（如黑白）和连拍模式在 AUTO 模式下是不能调节的。

3 Tv（快门优先拍摄模式）

在快门优先模式下，先设置快门速度，相机会自动选择合适的光圈值。较快的快门速度可以让你捕捉移动主体的瞬间图像；较慢的快门速度则会营造流动的效果，在拍摄夜景的时候经常会用到。

在快门速度设置好后，半按快门，在对焦过程中如果发现光圈值显示为红色，表示图像曝光不正确。这时需要更改快门速度值，直至光圈值显示为白色为止。这是因为光圈值也是有一定范围的。

4 Av（光圈优先拍摄模式）

光圈优先，即事先设置好所需要的光圈大小，数码相机会根据拍摄条件自动调节其他参数。利用这种模式，可以有效地控制景深的大小。选择较低的光圈值（加大光圈），景深变小，使背景柔和。选择较高的光圈值（缩小光圈），景深变大，使整个前景和背景都清晰。

如果快门速度在液晶显示屏上以红色显示，即表示图像曝光不正确，这时需要更改光圈值，直至快门速度以白色显示为止。

5 M（全手动拍摄模式）

此模式需要以手动方式调节快门与光圈的参数，没有相当功底的摄影经验是难以正确曝光的。但在此种模式下学摄影是进步最快的。

自动曝光功能会根据所选择的测光方式自动计算标准曝光量。半按快门按钮时，液晶显示屏上会出现标准曝光及所选曝光的差值，如果其差值超过 ±2 级，即 "−2" "+2"，会以红色显示。这时必须修改快门或光圈的值，直至曝光正确为止。

6 人像拍摄模式

如果想使拍摄的主体清晰而背景模糊，可使用此模式。要获得背景逐渐柔和的最佳效果，在构图时把拍摄主体身体的上半部分尽量占满取景器或液晶显示屏。将变焦倍率设置为最大则效果更明显。

7 风景模式

在这种模式下进行拍摄,光圈和快门值都比较适中,能让人物和风景都成像清晰。

8 夜景拍摄模式

这种模式也叫"慢速快门闪光同步模式",最适合拍摄包含前景人物的夜景照片。相机会用较慢的快门速度配合闪光灯闪光来拍摄,使主体和背景都得到合适的曝光。为了防止照片模糊,一定要使用三脚架,以保持机身的平稳,保证有足够的曝光和画质。另外,在闪光灯闪了以后,人物不能马上移动;否则会使图像模糊。如果只是拍摄夜景,就不要使用闪光灯了。因为闪光灯的有效距离比较短,很容易忽略掉主体后面的景物。

9 高速快门拍摄模式

此模式用于拍摄快速移动的物体,如抓拍水滴或运动的物体。

10 慢速快门拍摄模式

此模式用于拍摄移动主体,使其模糊显示,用以制造柔和效果,如溪水、河流等。

11 SCN(特殊场景模式)

有植物、雪景、海滩、焰火、潜水和室内这 6 种模式可供选择。

12 全景图拍摄模式

此模式主要用于风景拍摄。它可以把拍摄的若干个画面合并为全景图像。

为画面构图时,要使各相连的画面重叠 30%~50%,并把垂直误差限制在图像高度的 10% 以内。

当拍摄完第一幅图像后,相机的液晶屏上会保留第一幅图像,允许你再构图拍摄第二幅图像。用同样的方法可以完成全景图像的拍摄。为了获得最好的效果,一般采用水平移动(旋转)相机来拍摄连续图像。当然,三脚架是不可少的。在拍摄时不可改变焦距,否则会造成相邻的画面变形而无法连接。

要创建全景图像,需要在计算机上进行拼接。可使用随机附送的 PhotoStitch 软件来进行。

13 摄像模式

此模式可以拍摄有声短片,以 AVI 格式记录,最高分辨率为 640 像素 ×480 像素。因为存储卡的容量有限,所以只能简单示范一下,让用户体验一下拍摄动态图像的快乐。

2.1.2 拍摄所需的辅助器材

拍摄网店宝贝时,不是说有一部好的相机就一切万事大吉了,如果没有辅助器材的参与,再好的相机也是发挥不出作用的,本小节就为大家说一说辅助拍摄设备在为宝贝拍摄时的重要作用。

三脚架

现在的中、高档相机都有防抖功能,但是在拍摄商品时有人还是抖得厉害,这样拍摄出来的作品仍然会比较模糊,这时就需要使用三脚架来辅助拍摄。在光线不好的环境或者在晚上拍摄时,曝光时间会比较长,单独用手进行拍摄时,谁都不能保持长时间的静止不动,此时必须使用三脚架对相机进行固定拍摄,有的店主自己来做商品的模特,此时只要通过三脚架固定相机后,再通过设置延时拍摄进行自拍即可。

很多三脚架都可以拆卸一个脚装上云台作为单脚架。三脚架主要起到一个稳定的作用,所以脚架需要结实。但是由于其经常需要被携带所以又需要有轻便且便于组装的特点。一般材质的三脚架在300~400元,高端的也有上千元的,其功能都差不多,作为网店商品拍摄只需买一个几百元的就可以了,三脚架如图2-11所示。

图2-11 三脚架

灯光器材

摄影灯在商品摄影的过程中,其作用不亚于相机,甚至要在相机之上。原因在于,自然光线的多变性、不宜把握性和不易改变性,决定了商品图片99%以上都是在摄影室内拍摄的,既然在摄影室内拍摄,那么灯光是必不可少的。

对于拍摄商品用几只灯合适,无论是常亮灯还是闪光灯,在拍摄商品照片的过程中,均需要几组灯才可以达到更好的效果,通常根据拍摄商品的大小、材质以及要表达的效果的不同而选择不同的灯组合。对于小件商品来说,两只灯是最基本的配置,而3只灯是完美的配置。对于服装拍摄来说,平铺拍摄两只灯可以拍,3只灯(在两只灯的基础上加一顶灯)效果更佳。

拍摄宝贝照片时,光线很重要,太亮、太暗、反光等都会使照片质量下降,要想获得曝光正确的照片,就要用到灯架、灯头、摄影棚、反光伞、柔光箱等辅助器材。

1 简易摄影棚

如果拍摄的宝贝对颜色要求很高,那就一定要使用摄影棚。摄影棚是室内拍摄宝贝最主要的工具,在淘宝拍摄器材店中,摄影棚的价格并不高,如果拍摄小商品的话,可以考虑买一个摄影棚,简易摄影棚的构造如图2-12所示。

2 柔光箱

光源发出的光和经过柔光箱所产生的反射光混合,再经过柔光箱透射扩散,形成软光,能提供均匀而充足的照明,输出的光为扩散的透射光,其光性柔和,方向性强于反光伞产生的光,反差清晰,投影浓于反光伞,富有层次表现力,色彩与锐度良好。柔光箱从外形上有正方形、长方形、八角形等规格,如图2-13所示。

图 2-12 简易摄影棚

图 2-13 柔光箱

3 反光伞

输出光为经过反光伞面反射后的散射光,性质为软光,发光面积大。方向性不明显,柔和,反差弱。通常反光伞有银色、白色、金黄色等不同涂层的,当然了,最常用的还是银色的,其外观颜色一般有白色和黑色两种,黑色的效果好于白色,如图 2-14 所示。

4 灯架

灯架的作用是支撑灯头、柔光箱或者反光伞以及灯的架子,一般有铝合金的或者钢管的,规格根据负重能力及用途不同有许多种。在实践中使用最多的是:小型闪光灯,使用 200cm 左右的灯架;大型闪光灯,指 300W 以上的灯,使用 250cm 以上的可调节式灯架,如图 2-15 所示。

5 灯头

顾名思义,灯头就是装灯泡的地方,这里所讲的灯头是指配套需要用灯头连接电源的部分,如常见的常亮灯及部分不可调节光量的闪光灯都属于这个范畴。灯头从功能上说可分为单灯头、双灯头、四灯头、五灯头等。

图 2-14 反光伞

6 反光板

可以提供柔和的散射反射光作为主光照明,也可以对大面积的被拍摄物品的暗部进行补光。反光板具有一个优点,就是不会再生投影。反光板根据材质不同,其产生的光线效果也不尽相同,反光板也可以自己制作。选择材质为聚苯乙烯树脂泡沫板,无论用于大面积补光还是局部加光,都是最佳材料,白纸、白布覆在框架上也会提供良好的漫反射光。反射光无论作为主光使用还是作为辅助光使用,均需要一定强度的投射光源作为光源。在拍摄实践中,反光板是不可缺少的一种辅助器材,如图 2-16 所示。

图 2-15 灯架

图 2-16　反光板

7 背景

背景在商品摄影中同样是不可缺少的主要附件，背景的作用主要是衬托出主体，下面以商品摄影为例加以介绍。背景不适宜太花哨，要简洁、衬托，不能喧宾夺主。目前背景主要包括背景纸、全棉背景布、植绒背景以及无纺布背景等。在摄影实践中背景纸的效果比较好。

拍摄宝贝商品时应准备的小物件以及用途如下。
（1）白手套：不仅保护了产品，还可以在拍摄特写时不留下指纹。
（2）气吹：拍摄某些光滑或透明产品的特写时，往往会发现产品表面有很多毛絮，气吹可以帮你吹走影响画面整洁的毛絮。
（3）橡皮泥、双面胶：在拍摄一些小物件时，为了拍摄某个特别的角度而无法固定小物件，这时可以考虑使用橡皮泥和双面胶使其"站立"或倾斜。
（4）热熔胶枪：如果觉得橡皮泥和双面胶不好用，或影响拍摄，那可以使用热熔胶枪，如拍摄戒指时很方便，拍摄完轻轻用力拔出即可。
（5）喷水壶：拍摄水果、沐浴用品、玻璃器皿等可适当均匀喷水，使其晶莹剔透，突出新鲜或产品特征。

2.1.3 宝贝拍摄的要求与技巧

拍摄网店宝贝时，由于商品的不同或者所在拍摄环境的不同，宝贝拍摄都是有一定的技巧和要求的。

全方位展现商品

在进行拍摄时，可以通过拍摄的高度、距离、角度等拍摄技巧来展现商品各个位置的效果，目的是让买家更加清晰地了解商品本身。

按拍摄高度来区分，有平拍、俯拍、仰拍等几种形式。平拍是指相机和商品在同一水平面上，画面构图端庄，但缺少立体感；俯拍能够纵览全局；仰拍能够适当夸大、突出商品，获得特殊的艺术效果。

按拍摄距离来区分，有特写、近景、中景、全景和远景几种形式。其中，相机与商品的距离越近，相机能拍摄到的景物范围就越小，商品在画面中占据的面积也就越大；反之，相机与商品的距离越远，拍摄到的景物范围越大，商品在画面中就显得越小。

拍摄方向是指以商品为中心，在同一水平面上围绕商品四周选择摄影点。不同的拍摄方向可展现商品的不同形象，如正面角度、斜侧角度、侧面角度、反侧角度、背面角度等。

在实际拍摄中，只要能够直观地展示商品，拍摄者可以多尝试几种视角来搭配拍摄，从而拍出商品的特色和自己独有的风格，展现商品本身的细节也很重要，如图2-17所示。

图2-17　全方位展现商品

光线的运用

在光线较为充足的情况下，不需要任何补光设备就可以拍出很好的照片。一般晴天拍摄效果较好，室内室外都可以。如果光线不足，虽然拍出的照片可以通过后期处理弥补，但效果还是差一些。这个时候可以进行补光，用摄影灯，也可以直接用家里的台灯（白光的那种）。另外，光线过强，拍出的照片也会不理想。对于可以搬到室外的大件商品，在晴朗的天气非阳光直射的时间拍摄效果还是非常不错的，特别是毛绒玩具或者服装，如图2-18所示。在室内，如果希望拍摄出来的效果更好些，大件商品的拍摄可以考虑购买摄影灯套装；小件商品的拍摄可以考虑购买含灯的柔光箱，若动手能力够强的话，还可以用白布或硫酸纸做个柔光箱出来，如图2-19所示。相信大家在实战中很快就会领悟到光线的要点。

图 2-18　户外拍摄的毛绒玩具　　　　　　　图 2-19　室内拍摄场景

通过参照物提升商品本身

有时对于要拍摄的商品，如果只是单独对其进行拍摄，拍摄得再好也只是一件商品，如果能衬上参照物的话，对于买家来说可能更具有说服力，利用商品本色的环境拍摄出来的效果，无形中提升了商品本身的档次，可以给买家一个更好的想象空间，如图2-20所示。

图 2-20　通过参照物提升商品本身

不同类型商品的拍摄方法

拍摄不同商品时，由于商品本身的材质原因，不能将所有商品都按照一种方法进行拍照。

1 拍摄粗糙表面商品

许多商品具有粗糙的表面结构，如皮毛、棉麻制品、雕刻等，为了表现出它们的质感，在光线的使用上，应采用侧光照明，这样能表现出商品材质明暗起伏的结构变化，拍摄效果如图 2-21 所示。

图 2-21　粗糙表面商品的抓取效果

提示：侧光是一种摄影时运用频率非常高的一种光线，能够很好地表现拍摄对象的形态和立体感。

2 拍摄光滑表面商品

一些光滑表面的商品，如金银饰品、瓷器、漆器、电镀制品等，它们的表面结构光滑如镜，具有强烈单向反射能力，直射灯光聚射到这种商品表面，会产生强烈的光线改变。所以拍摄这类商品，一是要采用柔和的散射光线进行照明，二是可以采取间接照明的方法，即灯光作用在反光板或其他具有反光能力的商品上，反射出来的光照射商品，能够得到柔和的照明效果。拍摄效果如图 2-22 所示。

图 2-22　光滑表面商品的拍摄效果

3 拍摄透明商品

玻璃器皿、水晶、玉器等透明商品的拍摄一般都采用侧光或底部光进行照明，就可以很好地表现出静物清澈透明的质感。要注意底部光使用时，应使用白色底衬或者直接放在玻璃上。拍摄效果如图 2-23 所示。

图 2-23　透明商品的拍摄效果

4　拍摄无影静物

有一些商品照片，画面处理上完全没有投影。这种照片的用光方法，是使用一块架起来的玻璃台面，将要拍摄的商品摆在上面，在玻璃台面的下面铺一张较大的白纸或半透明描图纸。灯光从下面作用在纸的上面，通过这种底部的用光就可以拍出没有投影的商品照片，如果需要也可以从上面给商品加一点辅助照明。这种情况下，要注意底光与正面光的亮度比值，不宜过强，拍摄效果如图 2-24 所示。

图 2-24　无影商品的拍摄效果

2.1.4　基本构图与商品摆放

室内网拍商品时，面对琳琅满目的商品时，谁都想拍摄出生动且吸引人的艺术作品。当您对自己的相机非常熟悉并且掌握了用光、布光的知识，此时将镜头对准商品时，您考虑的一定就是如何构成一个最为理想的画面。此时您就会对于构图的重要性有了自己的认识。在很大程度上构图决定作品构思的实现，决定着整个作品的成败。

横式构图

横式构图是商品呈横向放置或横向排列的横幅构图方式。这种构图给人的感觉是稳定和可靠，多表现商品的稳固，并给人安全感，是一种常用的拍摄构图方式，如图2-25所示。

竖式构图

竖式构图是商品呈竖向放置或竖向排列的竖幅构图方式。这种构图给人的感觉是高挑和秀朗，常用来拍摄长条或者竖立的商品，竖幅构图在商品拍摄时也是经常使用的，如图2-26所示。

图2-25 横式构图示例

图2-26 竖式构图示例

斜式构图

斜式构图是商品呈斜向摆放的构图方式。这种构图的特点是富有动感、个性突出，对于表现造型、色彩或者理念等较为突出的商品，斜式构图方式较为常用，使用得当可以得到不错的画面效果，如图2-27所示。

图2-27 斜式构图示例

黄金分割法的构图

在摄影构图中一般比较忌讳将拍摄的主体置于画面正中间位置，然而这又是很多网商拍摄者会犯的一个毛病。黄金分割法的构图方式，在画面的长宽比例通常为1:0.7，由于按此比例设计的造型十分美丽，因此被称为黄金分割，在黄金分割的九宫格内相交的4个点处是放置主体的位置，这样可以将画面布置得更加完美，如图2-28所示。

图 2-28 黄金分割法的构图方式

对称式构图

为了将主体凸显出来，在拍摄时常常将其放置到画面的中间，左右基本对称，这样做的目的是因为很多人喜欢把视平线放在中间，上下的空间比例大体匀称。对称式构图具有平衡、稳定和相互呼应的特点；但缺点是表现呆板、缺少变化。为了防止这种呆板的表现形式，拍摄时常常会在对称中构建一点点的不对称，如图 2-29 所示。

图 2-29 对称式构图（在对称中构建一点点的不对称）

其他形式的构图

商品的摆放其实也是一种陈列艺术，同一种商品按照不同风格摆放会得到意想不到的视觉效果，如图 2-30 所示。

图 2-30 其他形式的构图

图 2-30 其他形式的构图（续）

2.1.5 为宝贝拍摄主图视频

单纯的静态图片对于商品的特点有可能不能完全展示，但是如果以动态视频的方式进行展现，不但可以更加吸引买家的目光，还能更好地展现商品。

在淘宝上传宝贝时，可以将拍摄的视频进行上传，在宝贝详情页的页首可以看到视频。视频的高宽比必须为1∶1的正方形，尺寸在500~800像素，最好是800像素×800像素，视频的大小不超过2GB。主图视频格式为AVI、MOV、ASF、WMV、NAVI、3GP、REALVIDEO、MKV和FLV，时间最好在6~9秒，不要超过9秒。

视频录制后可以对视频做进一步的编辑剪辑，使其在时间和大小上符合淘宝的要求，能够编辑主图视频的软件主要有会声会影、Camtasia Studio、甩手工具箱、Premiere、Flash、艾奇淘宝主图视频制作软件等。

2.2 视频的简单编辑

对于视频的编辑，市面上比较流行的软件非常多，能够对主图视频进行编辑的软件不需要太复杂，本节为大家简单介绍一下"艾奇淘宝主图视频制作软件"在编辑淘宝9秒视频方面的一些方法。

这是一款国内最早专为淘宝网店铺视频主图制作而研发的工具软件。采用图片文件和视频文件，配上音乐、文字、水印等元素，制作成符合淘宝视频标准的1∶1画面9秒以内的商品宝贝展示视频。

2.2.1 视频软件介绍

"艾奇淘宝主图视频制作软件"的特点如下。

（1）严格遵循淘宝主图视频的参数标准，输出视频都符合1:1正方形画面比例。

（2）采用高清视频编码引擎，支持最大800像素×800像素分辨率的视频输出。

（3）无论采用几张素材图片或视频，输出6秒或9秒淘宝主图视频，只需一键设定自动匹配，不会超时。

（4）不仅仅是图片，软件支持多个视频素材片段合并输出，支持图片视频混排输出。

（5）可以给视频随意添加描述文字、视频边框、图文水印LOGO以及点缀装饰图。

（6）强大的图片编辑功能，如剪裁、旋转、美化、滤镜。

（7）内置上百款淘宝专用促销、打折、秒杀、热卖等专用点缀图。

（8）专为淘宝主图视频设计的用户体验，操作极其简单。

添加图片或视频

打开"艾奇淘宝主图视频制作软件"，在界面中直接单击"添加图片""添加视频"按钮或执行菜单栏中的"文件"→"添加图片或添加视频"命令，即可将之前准备的图片或视频导入到列表中，如图2-31所示。

图2-31 软件界面

其中工作界面组成部分的各项含义如下。

☆ 添加图片：可以导入图片文件。

☆ 添加视频：可以导入视频文件。

☆ 模板：其中包含预设的视频参数模板。

☆ 添加音乐：为视频添加音乐。

☆ 删除：可以将列表中选择的文件删除。

☆ 视频装饰：为视频添加边框、背景、水印等修饰效果。

☆ 选项：设置软件的参数，如生成视频的路径，如图2-32所示。

☆ 时长调整：设置主图视频的时间长度。
☆ 输出视频分辨率：设置输出视频格式、分辨率等，如图2-33所示。

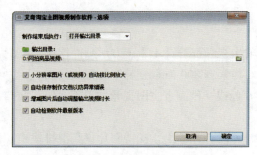

图2-32 选项设置界面

图2-33 视频格式设置界面

编辑图片

编辑图片是"艾奇淘宝主图视频制作软件"非常重要的部分，可以为生成视频的图片添加各种修饰以及添加效果，在导入的图片上单击"编辑"按钮，进入到"图片编辑"对话框中，如图2-34所示。拖曳裁剪框，可以对图片进行正方形的选取，之后单击"裁剪"按钮即可按照选取范围进行裁剪。

图2-34 "图片编辑"对话框

技巧：当导入的图片不是正方形时，图片的列表中显示的"图片分辨率"会以红色进行显示，拖动裁剪框选择需要的区域，裁剪后文本变为黑色，如图2-35所示。

图 2-35 导入非正方形图片并裁剪

在"图片编辑"对话框中,单击"效果"选项卡,该选项卡可以对当前图片在切换中的过渡效果、动态效果、展示时长、过渡时长等参数进行设置。同时可以在主界面中进行"效果"的操作,如图 2-36 所示。

图 2-36 效果设置

在"图片编辑"对话框中,单击"滤镜"选项卡,在"滤镜"中可以对图片进行旋转各种角度、翻转等处理,也可以进行各种图片变色的滤镜处理,如图 2-37 所示。

在"图片编辑"对话框中,单击"添加文字"选项卡,在"添加文字"选项卡里的添加文字功能所添加的文字是针对图像素材的操作,被添加的文字会融合在图片内。在视频中会随图片一起切换和变化,是一种对图片进行美化和补充的功能。在文本框输入文字后单击"添加文字"按钮,文字会出现在图片上,用鼠标可以拖动摆放位置。在右侧可以对该文字进行各种参数设置,可以添加多条文字内容,如图 2-38 所示。

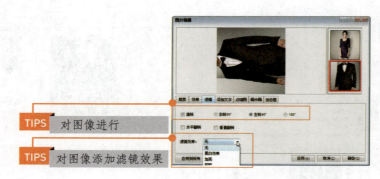

图 2-37　滤镜设置

图 2-38　添加文字

在"图片编辑"对话框中，单击"点缀图"标签，在"点缀图"选项卡中可以为图片素材添加各种促销点缀图，美化图片，如图 2-39 所示。

图 2-39　点缀图

在"图片编辑"对话框中，单击"画中画"标签，在"画中画"选项卡中可以在当前图片素材画面上叠加其他图片，并为图片设置不同的边框形状。做出一个画面展示多个图片的效果，如图 2-40 所示。

图 2-40　画中画

在"图片编辑"对话框中,单击"加边框"标签,在"加边框"选项卡中可以在当前图片素材画面上叠加其他图片,并为图片设置不同的边框形状。做出一个画面展示多个图片的效果,如图 2-41 所示。

图 2-41　加边框

添加模板

导入图片后,单击主界面中的"模板"按钮,在弹出的对话框中选择一个模板,会把该效果自动加载给所有图片素材,如图 2-42 所示。

图 2-42　添加模板

视频装饰

单击主界面顶部的"视频装饰"按钮可以进入视频装饰设置界面。可以对整个视频层次进行各种美化操作,包括视频背景图、视频边框、视频水印功能,如图2-43所示。

图2-43 "视频边框"设置界面

其中工作界面组成部分的各项含义如下。

☆ 视频边框:视频边框是针对整个视频加上一个层次在最前端的边框图片来美化整个视频。在视频播放中会贯穿整个视频画面存在。功能上与图片编辑中的加边框功能操作方法基本相同。

☆ 背景图:背景图相当于图片展示的舞台,所有导入的素材图片都在背景图上切换和展示,如图2-44所示。

☆ 视频水印:在整个视频上加上文字或者图标,会在固定位置出现贯穿整个视频。用于店铺Logo、网址、防盗水印等,如图2-45所示。

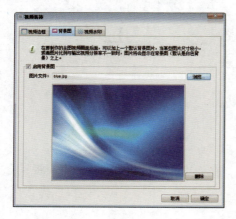

图2-44 背景图设置界面

图2-45 视频水印设置界面

2.2.2 生成视频

通过导入视频制作一个视频后只要单击"效果预览"按钮,即可查看最终在淘宝上面的视频效果,如图2-46所示。

预览效果没有问题后,就可以对视频进行创建了,单击"开始制作"按钮,在弹出的"输出设置"对话框中可以进行视频装饰设置,创建的视频如图2-47所示。

图 2-46　效果预览　　　　　　　　图 2-47　输出设置

导入视频

除了图片素材之外，制作淘宝主图视频可以利用视频短片素材，各种常见格式均可支持。由于淘宝视频的时间限制很短，输入的视频要注意素材时间。由于淘宝对画面要求 1∶1 的比例，添加的视频分辨率比例如果不是 1∶1，可以在视频编辑中裁剪输出，如图 2-48 所示。

图 2-48　导入视频

技巧：由于"艾奇淘宝主图视频制作软件"在创建视频时视频长度不能超过 9 秒，所以导入超过 9 秒的视频不能在该软件中生成，如果要使用"艾奇淘宝主图视频制作软件"编辑拍摄的视频，最好先使用专业的视频编辑软件对视频长度进行剪辑，将视频控制在 9 秒之内，此时就可以使用"艾奇淘宝主图视频制作软件"对视频进行装饰并输出。

2.2.3 使用 Camtasia Studio 剪辑视频

Camtasia Studio 汉化版是美国 TechSmith 公司出品的屏幕录像和编辑的软件套装。软件提供了强大的屏幕录像（Camtasia Recorder）、视频的剪辑和编辑（Camtasia Studio）、视频菜单制作（Camtasia MenuMaker）、视频剧场（Camtasia Theater）和视频播放功能（Camtasia Player）等。使用本套装软件，用户可以方便地进行屏幕操作的录制和配音、视频的剪辑和过场动画、添加说明字幕和水印、制作视频封面和菜单以及视频压缩和播放。

该软件功能强大，需要的仅仅是软件中对视频的剪辑部分，使用 Camtasia Studio 剪辑视频非常方便简单，下面就将一个视频剪辑成 9 秒长度的视频，具体操作如下。

操作步骤

01 启动 Camtasia Studio 软件，单击"导入媒体"按钮，打开一段视频，如图 2-49 所示。
02 单击"打开"按钮，将视频导入，将视频拖曳到时间轴上，如图 2-50 所示。

图 2-49 导入视频

图 2-50 添加视频到时间轴

03 在时间轴上将起始点与终点之间的时间调整为 9 秒，如图 2-51 所示。

TIPS 设置调整时间

图 2-51 设置播放时间

04 在工具栏中单击"复制"按钮，再单击"粘贴"按钮，此时会将选取内容复制到一个新的轨道中，选择轨道 1 中的内容，按 Delete 键将其删除，此时便可以将视频设置为 9 秒，如图 2-52 所示。此方法可以快速将选取的视频长度控制在 9 秒。

图 2-52 复制和粘贴

> 技巧：在该软件中选择视频区段后，直接按 Ctrl+C 组合键可以对其进行复制，再按 Ctrl+V 组合键可以将复制的区域进行粘贴，系统会自动得到一个新的轨道。

05 将之前的内容删除，重新拖曳视频到时间轴，选择了一个视频起点，在工具栏中单击"分割"按钮 ，此时会发现轨道中的视频被分成两段，如图 2-53 所示。

图 2-53 分割视频

06 对视频进行分割时，也可以选取一段区域后进行分割，此时分割会将选取的这段内容变为单独的一段，如图 2-54 所示。

图 2-54 分割区域

07 对分割的区段可以单独删除,只要选择分段视频后按 Delete 键即可将其删除,如图 2-55 所示。

图 2-55 删除分割区域

技巧:在删除分割区域时,必须要将拖动条中的起始时间和终点时间合并到一块;否则在删除时会将选取的区段直接删除,如图 2-56 所示。轨道中的视频区段可以在时间轴中的任何时间进行拖曳,如图 2-57 所示。

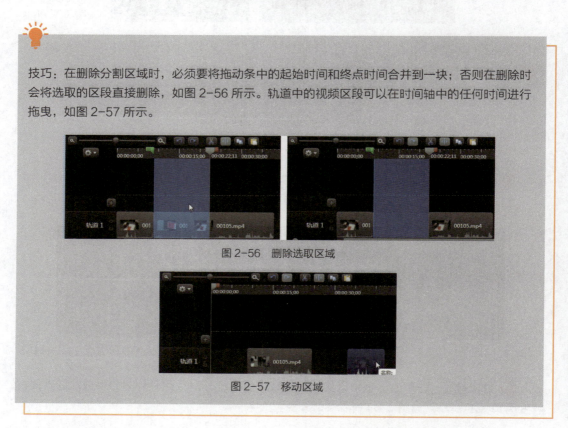

图 2-56 删除选取区域

图 2-57 移动区域

08 制作完成的 9 秒视频,执行菜单栏中的"文件"→"生成与分享"命令,在"生成向导"对话框中选择"自定义生成设置"选项,如图 2-58 所示。

09 单击"下一步"按钮,选择"MP4-智能播放器"选项,如图 2-59 所示。

10 单击"下一步"按钮,采用默认设置即可,如图 2-60 所示。

图 2-58 生成向导的欢迎界面

图 2-59 生成向导的选择文件格式界面

图 2-60 生成向导的播放器与视频选项设置界面

⑪ 单击"下一步"按钮,设置文件名称和保存路径,如图 2-61 所示。

⑫ 单击"完成"按钮,渲染完成后,在刚刚保存的路径中就可以看到生成的视频了,如图 2-62 所示。

图 2-61 生成向导的制作视频设置界面

图 2-62 查看生成的视频文件

2.3 厂家图片的下载

  对于那些既不会拍照又不会 Photoshop 的卖家来说，在卖家开设淘宝店铺时，每个商品都需请人来制作，那么成本就会无形中增加很多。对于这些卖家来说，直接得到图片是最好的选择，在同行中借用的话，很多图片都被添加了水印，这样您在销售的同时无形中就替别人做了广告。此时就只有求助于此商品的厂家或代理商了，只要进入到货品厂家或代理商的官网，则很多的商品图片都会出现在您的眼前，之后该怎么做我想您应该心领神会了。

第 3 章
提升宝贝的视觉效果

本章重点
- 淘宝图片的裁剪
- 商品图的调色处理
- 淘宝图片污点的处理
- 网店图像的多种抠图技巧

　　本章主要为大家介绍对于已经捕获到的宝贝商品图片进行美化加工的方法，在视觉效果上达到吸引买家的目的，从而增加店铺的销量。在美化图片中最常见的就是将图片裁剪成淘宝需要的大小、处理拍摄时产生的色调问题、修正图片的瑕疵以及通过抠图进行合成图片，这里使用的软件是 Photoshop CC。

3.1 淘宝图片的裁剪

网店中的图片，除了发布的宝贝图片外，在一些特定的区域图中都是需要固定大小的，在插入图片之前一定要先了解该区域图片的大小，所谓磨刀不误砍柴工，就是在前期将图片按照固定大小进行创建或裁剪，在这个基础之上再进行视觉方面的设计，只有这样才能真正收到事半功倍的效果。

3.1.1 淘宝店铺的常见尺寸

网店中需要的图片尺寸直接取决于淘宝网的要求，不同的区域图片的大小是不同的，下面就详细说明各个区域的图像尺寸。

☆ 店标：文件格式 GIF、JPG、JPEG、PNG，文件大小 80KB 以内，建议尺寸为 80 像素 × 80 像素。

☆ 店招：宽度为 950 像素，高度建议不超过 120 像素。

☆ 全屏通栏广告：宽度为 1920 像素，高度尽量根据首屏的高度进行设置，建议 500~600 像素。

☆ 标准通栏广告：宽度为 950 像素，高度尽量根据首屏的高度进行设置，建议 500~600 像素。

☆ 轮播图：不同区域的轮播图宽度不同，高度必须在 100~600 像素，宽度可以是 1920 像素、950 像素、750 像素和 190 像素。

☆ 自定义内容区：如果分成左、右两个部分，宽度为 190 像素和 750 像素两种，高度根据广告内容自行设置。

☆ 宝贝图片：必须是 1:1 的正方形，长宽可以在 300~500 像素。

☆ 宝贝详情页：宽度 750 像素，高度可以根据内容自行设置。

提示：在手机淘宝店铺中要了解的各个图片尺寸规格如下。
　　☆ 店招规格：642 像素 ×254 像素；类型：JPG，JPEG，PNG。
　　☆ 新客老客规格：建议选择 608 像素 ×336 像素尺寸的图片；类型：JPG、PNG。
　　☆ 图文类中单列图片模块：建议选择 608 像素 ×（200~960）像素尺寸的图片；类型：JPG、PNG。

☆ 图文类中双列图片模块：建议选择 296 像素 ×160 像素尺寸的图片；类型：JPG、PNG。
☆ 图文类中多图模块：建议选择 248 像素 ×146 像素尺寸的图片；类型：JPG、PNG。
☆ 图文类中焦点图模块：建议选择 608 像素 ×304 像素尺寸的图片；类型：JPG、PNG。
☆ 图文类中左文右图模块：建议选择 608 像素 ×160 像素尺寸的图片；类型：JPG、PNG。
☆ 活动头图片模块：建议选择 640 像素 ×304 像素尺寸的图片；类型：JPG、PNG。

3.1.2 自定裁剪区

在 Photoshop 中为图片按选取大小进行裁剪，可以得到淘宝需要的某个区域的尺寸。如果只想裁剪出固定大小的图像而不管图像区域的话，只要通过 Photoshop 软件中的 ▭（矩形选框工具）结合"裁剪"命令进行裁切就可以了，这里按照淘宝店铺的店招大小进行操作，具体裁剪方法如下。

操作步骤>>

01 执行菜单栏中的"文件"→"打开"命令（或按 Ctrl+O 组合键），打开本书配备的"素材\第 3 章\插画 .jpg"素材文件，如图 3-1 所示。

02 打开素材后，在"工具箱"中选择 ▭（矩形选框工具），在属性栏中的"样式"下拉列表框中选择"固定大小"选项，设置"宽度"为"950 像素"、"高度"为"120 像素"，如图 3-2 所示。

图 3-1　素材文件

图 3-2　设置矩形选框工具

03 工具属性设置完成后，使用 ▭（矩形选框工具）只要在图片上单击，就会创建一个按照属性设置大小的矩形选区，选区位置可以移动，如图 3-3 所示。

提示：使用 ▭（矩形选框工具）创建固定选区后，如果选取的位置不理想，可以通过将"选区模式"设置为"新选区"的方法，此时只要在选区内部按住鼠标左键拖动就可以改变选区的位置，或者创建选取后，使用键盘上的方向键调整选区位置。

图 3-3 创建的选区范围

04 选区创建完毕后，执行菜单栏中的"图像"→"裁剪"命令，就可以将原图像裁剪切为选区范围的图像大小，在"图像大小"对话框中可以查看裁剪后的图像尺寸，如图 3-4 所示。

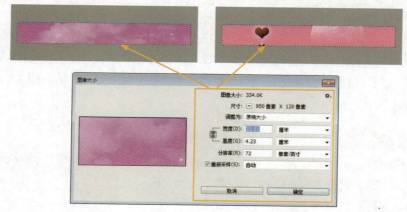

图 3-4 裁剪后

3.1.3 按尺寸裁剪

如果在已经存在的图片中选取局部作为背景，可以通过 Photoshop 软件中的 ▣（裁剪工具）进行裁切，这里按照淘宝店铺的店招大小进行操作，具体裁剪方法如下。

操作步骤>>

01 再次打开"插画"素材后，在"工具箱"中选择 ▣（裁剪工具），在属性栏中选择"宽 × 高 × 分辨率"，设置"宽度"为"950 像素"、"高度"为"120 像素"，由于是设置上传到淘宝网店的图像，所以将"分辨率"设置为"72 像素/英寸"，如图 3-5 所示。

图 3-5 设置裁剪工具

02 工具属性设置完成后，在图像中调整裁剪框的大小，后面的图片位置可以随意调整，最后只要保证裁剪框中的图像是需要的就可以，如图 3-6 所示。

第 **3** 章 提升宝贝的视觉效果　　63

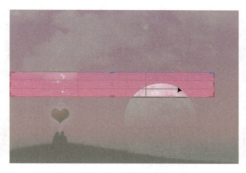

图 3-6　裁剪图像

> 提示：使用 ![裁剪工具图标]（裁剪工具）裁剪图像时，设置属性"宽度"与"高度"后，在图像中无论创建的裁剪框多大，裁剪后的最终图像大小都是一致的。这里可以执行菜单栏中的"图像"→"图像大小"命令，打开"图像大小"对话框，在该对话框中可以看到裁剪后图像的大小和分辨率，在"图像大小"对话框中查看裁剪后的对比，如图 3-7 所示。

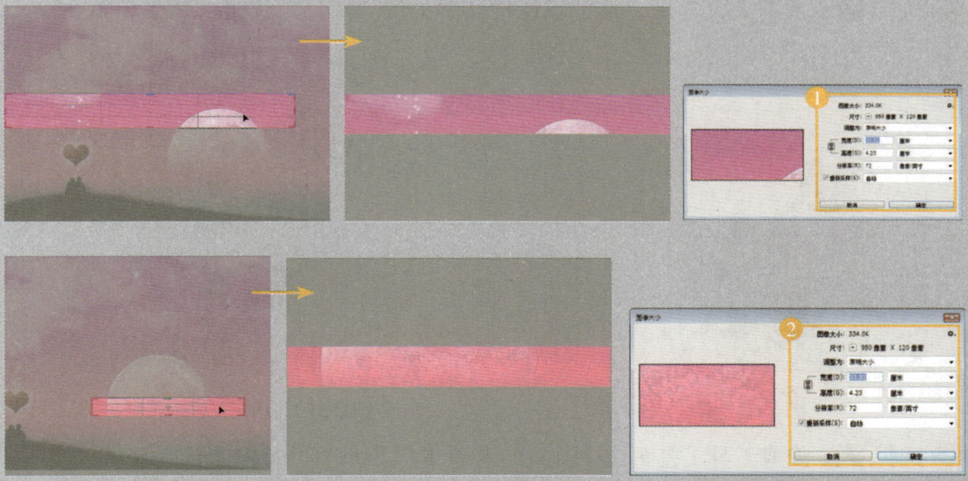

图 3-7　裁剪对比

03 裁剪框创建完毕后，按 Enter 键完成裁切，这里可以看一下不同裁剪框裁切出来的图像效果，如图 3-8 所示。

图 3-8　裁剪后

技巧：使用 （裁剪工具）进行尺寸预设并进行保存后，得到的裁剪尺寸可以应用到多个图像中。

3.1.4 裁剪倾斜图片

在拍摄商品照片时由于角度或姿势等问题，会把商品相片拍歪，通过 Photoshop 可以轻松将其进行修正而不需要重新去拍摄，具体裁剪方法如下。

操作步骤

01 执行菜单栏中的"文件"→"打开"命令（或按 Ctrl+O 组合键），打开本书配备的"素材 \ 第 3 章 \ 玩具 01.jpg"素材文件，如图 3-9 所示。

02 选择 （裁剪工具）后，在"属性栏"中单击"拉直"按钮，如图 3-10 所示。

图 3-9　素材文件

图 3-10　选择并设置工具

03 选择 （裁剪工具）在图像中玩具与背景本应为垂直的方向上拖动鼠标，如图 3-11 所示。

04 按 Enter 键完成对倾斜图像的校正，如图 3-12 所示。

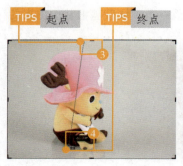

图 3-11　拖动水平线

图 3-12　裁剪后

第 3 章　提升宝贝的视觉效果

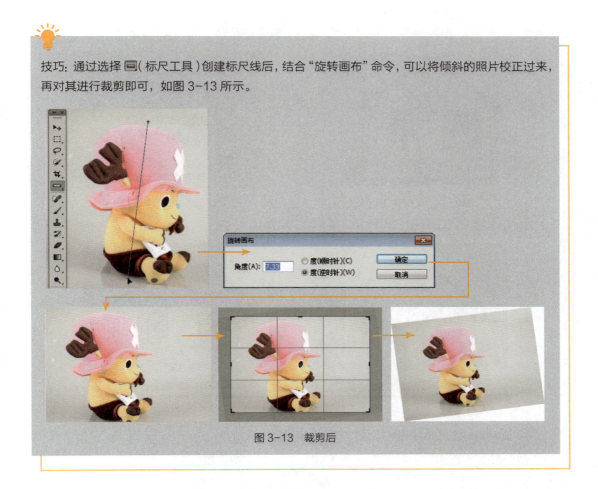

技巧：通过选择 ▭（标尺工具）创建标尺线后，结合"旋转画布"命令，可以将倾斜的照片校正过来，再对其进行裁剪即可，如图 3-13 所示。

图 3-13　裁剪后

3.1.5　裁剪透视图片

在拍摄照片时由于角度、距离或相机问题常常会出现照片中被拍摄的人物或景物产生透视效果，让人看起来非常不舒服，这时使用 Photoshop CC 只要轻松地操作几步就能将其修复，具体裁剪方法如下。

操作步骤▶▶

01 执行菜单栏中的"文件"→"打开"命令（或按 Ctrl+O 组合键），打开本书配备的"素材\第 3 章\透视图像 .jpg"素材文件，如图 3-14 所示。

02 选择 ▭（透视裁切工具）后，在图像中沿房子的边缘单击，绘制裁剪框，如图 3-15 所示。

图 3-14　素材文件

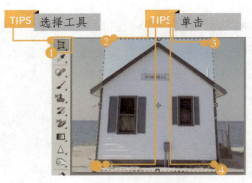
图 3-15　创建裁剪框

03 在图像中向左右拖动控制框，如图 3-16 所示。

图 3-16　拖动控制框

04 按 Enter 键完成对透视图像的校正，如图 3-17 所示。

图 3-17　校正后

技巧：修正透视效果还可以通过调整变换框，直接将透视效果变换成正常；或者使用"镜头校正"滤镜来调整透视效果。

提示：使用 ▣（透视裁切工具）不但可以用创建点的方式创建透视框，还可以用矩形的方式创建，然后拖动控制点到透视边缘，如图 3-18 所示。

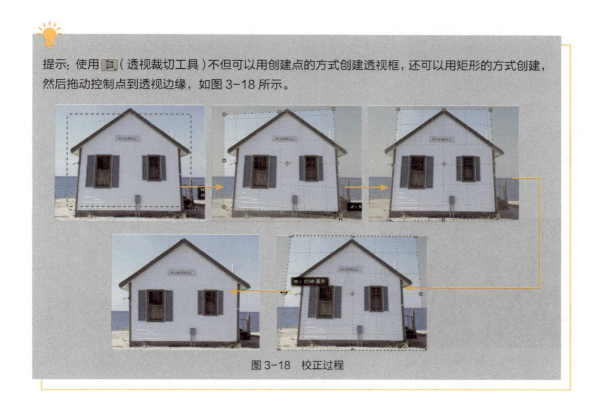

图 3-18　校正过程

3.2 商品图的调色处理

　　为宝贝拍摄时并不是所有的图像都能达到理想效果，有时会因为环境的问题，拍出的照片会出现发暗、曝光不足、颜色不正等瑕疵，本节就通过案例的方式为大家讲解通过 Photoshop CC 校正此类问题的方法。

3.2.1 处理偏暗的图片

　　在太阳下或光线不足的环境中拍摄相片时，如果没有控制好相机的设定，就会拍出太亮或太暗的照片。如果是曝光不足的照片，画面会出现发灰或发黑的效果，从而影响照片的质量，要想将照片以最佳的状态进行储存，一是在拍照时调整好光圈、角度和位置，来得到最佳效果；二是将照片拍坏后，使用 Photoshop 对其进行修改，得到最佳效果。本例就为大家讲解使用"色阶"命令修正拍照时曝光不足而产生的发灰效果。具体操作如下。

操作步骤>>

① 执行菜单栏中的"文件"→"打开"命令（或按 Ctrl+O 组合键），打开本书配备的"素材\第 3 章\过暗的照片 .jpg"素材文件，如图 3-19 所示。

② 通过观察打开的素材，会发现照片好像被蒙上了一层灰色，让人看起来十分不舒服，下面就通过"色阶"来将初步的灰色去掉，执行菜单中的"图像"→"调整"→"色阶"命令或按 Ctrl+L 组合键，打开"色阶"对话框，如图 3-20 所示。

TIPS 在直方图中我们会发现所有的像素都被集中到了暗部区域

图 3-19　素材文件　　　　　　　　图 3-20　"色阶"对话框

③ 在对话框中向左拖曳"高光"控制滑块至有像素分布的区域，如图 3-21 所示。

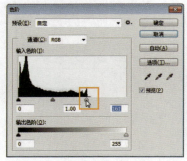

技巧：在"色阶"对话框中，直接拖动控制滑块可以对图像进行色阶调整，在文本框中直接输入数值同样可以对图像的色阶进行调整。

图 3-21　拖动控制滑块

④ 设置完毕单击"确定"按钮，此时的效果已经校正了曝光不足的缺陷，如图 3-22 所示。

图 3-22　调整色阶后

技巧：对于初学者来说，使用对话框有可能不太习惯，大家可以直接通过命令调整曝光不足而产生的图片发暗效果，只要执行菜单中的"图像"→"自动色调"命令就可以快速调整曝光不足的缺陷，如图 3-23 所示。

图 3-23　选择"自动色调"命令后的效果

注意：Photoshop CC 版本中的"自动色调"命令，在 Photoshop CS3 之前的版本中该命令为"自动色阶"。

05 应用"色阶"命令后，图片感觉是亮了许多，但是模特衣服的纹理有点太白了根本看不清，模特后面的屋子仍然感觉很黑，下面就处理这个问题。执行菜单栏中的"图像"→"调整"→"阴影和高光"命令，打开"阴影 / 高光"对话框，如图 3-24 所示。

06 根据预览调整参数值，如图 3-25 所示。

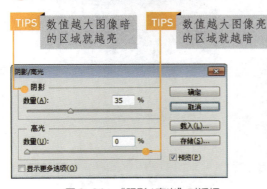

图 3-24　"阴影 / 高光"对话框　　　　　图 3-25　调整参数值

07 调整完毕后单击"确定"按钮，此时偏暗的照片被处理完成，效果如图 3-26 所示。

图 3-26 最终效果

3.2.2 处理偏亮的图片

如果是曝光过度的照片，画面会出现发白的效果，本例就为大家讲解校正曝光过度偏亮照片的方法。具体操作如下。

操作步骤➡➡

01 执行菜单栏中的"文件"→"打开"命令（或按 Ctrl+O 组合键），打开本书配备的"素材 \ 第 3 章 \ 过亮的照片 .jpg"素材文件，如图 3-27 所示。从打开的素材中可以看出该照片亮于平常的照片。

02 下面使用 Photoshop 将图像调整得暗一点。在"图层"面板中，拖动"背景"图层到"创建新图层"按钮上，得到"背景拷贝"图层，如图 3-28 所示。

图 3-27 素材文件

图 3-28 复制图层

03 在"图层"面板中，设置"混合模式"为"正片叠底"，效果如图 3-29 所示。

图 3-29 设置"混合模式"为"正片叠底"

技巧:如果想通过"混合模式"将图像调得暗一点,可以选择"正片叠底";想调得亮一点就选择"滤色"。

04 再复制"背景拷贝"图层,得到"背景拷贝 2"图层,将"不透明度"设置为 65%,如图 3-30 所示。

图 3-30 调整"不透明度"

提示:复制图层时该图层具有的"混合模式",也会应用到被复制的图层中。

05 新建图层 1,将"前景色"设置为(R:1 G:83 B:125)的蓝色,按 Alt+Delete 组合键填充前景色,设置"混合模式"为"柔光"、"不透明度"为 31%,效果如图 3-31 所示。

06 至此，本例"调整过亮的照片"制作完成，效果如图 3-32 所示。

图 3-31 填充图层

图 3-32 最终效果

3.2.3 处理色彩暗淡的照片

拍摄相片时由于拍摄环境或光源的影响，使拍出照片的颜色不是非常鲜艳，看起来有一种旧照片的感觉，下面就应用 Photoshop 将其还原为最初的鲜亮效果。

操作步骤 >>

01 执行菜单栏中的"文件"→"打开"命令（或按 Ctrl+O 组合键），打开本书配备的"素材\第 3 章\色彩较暗的照片.jpg"素材文件，如图 3-33 所示。

02 从打开的素材中看到照片颜色不是很鲜亮，这样的照片绝对没有吸引力，下面就使用 Photoshop 进行补救。执行菜单栏中的"图像"→"调整"→"自然饱和度"命令，打开"自然饱和度"对话框，设置"自然饱和度"为 70，设置"饱和度"为 34，如图 3-34 所示。

图 3-33 素材文件

图 3-34 "自然饱和度"对话框

③ 设置完毕单击"确定"按钮,效果如图 3-35 所示。

技巧:在 Photoshop 中能够快速增强颜色的命令主要有"自然饱和度""色相/饱和度""色彩平衡"等命令。

图 3-35 对比度增加

④ 应用"自然饱和度"命令后,发现照片虽然颜色变得鲜艳了,但不足的是照片看起来较暗,下面就来解决这个问题,执行菜单栏中的"图像"→"调整"→"亮度/对比度"命令,打开"亮度/对比度"对话框,设置"亮度"为 22、"对比度"为 –1,如图 3-36 所示。

⑤ 设置完毕后单击"确定"按钮,至此本例制作完毕,效果如图 3-37 所示。

图 3-36 调整亮度和对比度

图 3-37 最终效果

3.2.4 处理偏色的照片

在使用相机拍照时由于拍摄的原因常常会出现一些偏色的照片,本例就要带领大家使用 Photoshop 轻松修正照片偏色的方法,从而还原照片的本色。具体操作如下。

操作步骤 >> >>

① 执行菜单栏中的"文件"→"打开"命令(或按 Ctrl+O 组合键),打开本书配备的"素

材\第3章\打球.jpg"素材文件，如图 3-38 所示。

❷ 从打开的素材中看到照片有偏色问题，下面就对偏色进行处理。执行菜单栏中的"窗口"→"信息"命令，打开"信息"面板，在"工具箱"中选择 ![吸管] （吸管工具），设置"取样大小"为 3×3，如图 3-39 所示。

图 3-38　素材文件

图 3-39　设置吸管工具

注意：如果想确认照片是否偏色，最简单的方法就是使用"信息"面板查看照片中灰色的位置，因为灰色属于中性色，这些区域的 RGB 颜色值应该是相等的，如果发现某个数值太高，就可以判断该图片为偏色照片。

提示：在照片中寻找灰色的区域时，最好选择灰色路灯杆、灰色路面、灰色墙面等。由于每个显示器的色彩都存在一些差异，所以最好使用"信息"面板来精确判断，再对其进行修正。

❸ 要想确定是否偏色，只能在灰色中看 RGB 的数值。选择 ![吸管] （吸管工具）后，将鼠标指针移到照片中右侧的路灯杆上，此时在"信息"面板中发现 RGB 值明显不同，蓝色远远小于红色与绿色，说明照片为少蓝问题，如图 3-40 所示。

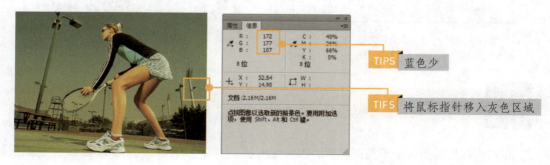
图 3-40　查找灰色

❹ 在"图层"面板中单击"创建新的填充或调整图层"按钮，在弹出的菜单中选择"色阶"命令，如图 3-41 所示。

05 选择"色阶"命令后，系统会打开"色阶"属性面板，由于图像缺蓝，选择"蓝通道"，向左拖动"高光控制滑块"和"中间调滑块"，使图像中的蓝色增加，如图 3-42 所示。

图 3-41　选择"色阶"命令　　　　　　　　图 3-42　调整色阶

06 选择 RGB 通道，向右拖曳"阴影控制滑块"，向左拖曳"高光控制滑块"，将对比度增强一些，至此完成偏色的调整，效果如图 3-43 所示。

07 再次将鼠标指针移到灰色区域，在"信息"面板中查看 RGB 值发现数值比较接近，证明已经不偏色了，如图 3-44 所示。

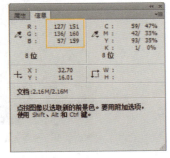

图 3-43　调整偏色后　　　　　　　　图 3-44　"信息"面板

技巧：偏色问题还可以通过"色彩平衡"命令、"曲线"命令进行调整，曲线也是调整通道内的参数，色彩平衡是调整面板中的颜色对比色，如图 3-45 所示。

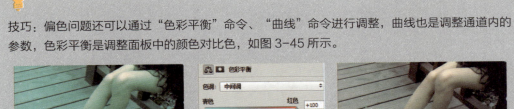

图 3-45　调整偏色

3.2.5 增加多种商品颜色

现在的商品琳琅满目、五颜六色，但是在将产品进行网拍时，由于颜色不全而会造成有的颜色产品没有被拍照，这样就无法上传，等产品到货后再拍会浪费很多的时间，这时只要使用 Photoshop 中的"色相/饱和度"命令，就可以轻松将一种颜色变为多种颜色，具体操作如下。

操作步骤

01 启动 Photoshop 软件，打开本书配备的"素材\第 3 章\儿童羽绒服.jpg"素材文件，如图 3-46 所示。

02 在"图层"面板中单击"创建新的填充或调整图层"按钮，在弹出的菜单中选择"色相/饱和度"命令，如图 3-47 所示。

图 3-46　素材文件

图 3-47　选择"色相/饱和度"命令

03 在打开的"色相/饱和度"属性面板中，由于调整的只是衣服颜色，这里选择"绿色"，之后拖动"色相"控制滑块，此时通过预览可以看到衣服颜色发生了变化，如图 3-48 所示。

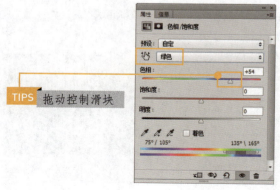

TIPS 拖动控制滑块

图 3-48　调整"色相"滑块

04 在"色相/饱和度"属性面板中调整不同"色相"参数，可以得到多种颜色，效果如图 3-49 所示。

图 3-49 调整颜色

技巧：使用"色相/饱和度"命令调整颜色时，调整范围如果选择单色进行调整时，会只对选取的颜色进行调整，如果选择的是全图，会针对所有颜色进行调整，创建选区后可以只对选区内的图像进行调整，如图 3-50 所示。灰度图像要想改变色相，必须先勾选"着色"复选框。

图 3-50 调整色相

3.3 淘宝图片污点的处理

在第 1 章中已经看到了污点修复先后的对比效果，那么这样的污点是如何被处理掉的呢？这个问题正是本节需要了解的内容，在 Photoshop CC 中对于处理污点的方法和工具有很多种，这里为大家详细讲解一下清除污点的不同方法。

3.3.1 使用"内容识别"填充修复照片中的污点

"内容识别"填充可以结合选区来将图像中的多余部分进行快速修复(如拍摄时宝贝边缘的杂物、背景中的人物等),该功能主要是用选区外部周围的像素,将选区内部的像素进行融合修复。具体操作如下。

操作步骤 >>

01 执行菜单栏中的"文件"→"打开"命令(或按Ctrl+O组合键),打开本书配备的"素材\第3章\瑕疵照片01.jpg"素材文件,如图3-51所示。

02 在打开的素材文件中明显可以看到有两个多余的夹子,使用 ◯ (椭圆选框工具)在两个多余的物品上创建两个椭圆选区,确保物品被圈进选区中,如图3-52所示。

图3-51 素材文件

图3-52 创建选区

03 执行菜单栏中的"编辑"→"填充"命令,打开"填充"对话框,在"使用"下拉列表中选择"内容识别"选项,如图3-53所示。

04 设置完毕单击"确定"按钮,此时发现选区内的杂物已经被清除掉了,如图3-54所示。

05 按Ctrl+D组合键去掉选区,最终效果如图3-54所示。

图3-53 "填充"对话框

图3-54 最终效果

3.3.2 使用"污点修复画笔工具"修复照片中的污点

使用 （污点修复画笔工具）可以十分轻松地将图像中的瑕疵修复。该工具的使用方法非常简单，只要将鼠标指针移到要修复的位置，按下鼠标拖动即可对图像进行修复，原理是将修复区周围的像素与之相融合来完成修复。

（污点修复画笔工具）一般常用在快速修复图片或照片上。该工具的使用方法是在图像中要修掉的污点上按下鼠标拖曳，即可完成修复，如图 3-55 所示。

图 3-55　修复图片

> 提示：使用污点修复画笔工具修复图像时最好将画笔调整得比污点大一些，如果修复区的边缘像素反差较大，建议在修复周围先创建选取范围再进行修复。

（污点修复画笔工具）除了修复简单多余的物品外，也可以通过设置来修复复杂的图像，具体操作如下。

操作步骤

01　执行菜单栏中的"文件"→"打开"命令（或按 Ctrl+O 组合键），打开本书配备的"素材 \ 第 3 章 \ 海报 .jpg"素材文件，如图 3-56 所示。

02　选择（污点修复画笔工具），在选项栏中设置"模式"为"替换"，选中"内容识别"单选按钮，设置"画笔"的主直径为 145px、硬度为 68%，如图 3-57 所示。

图 3-56　素材文件

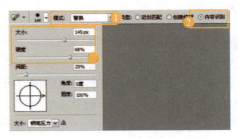

图 3-57　设置"污点修复画笔工具"

03 使用鼠标沿左面的白色文字从上向下拖动鼠标，得到图 3-58 所示的效果。

04 修复后大家会发现只是将文字变淡了。再反复拖动一次，得到图 3-59 所示的效果。

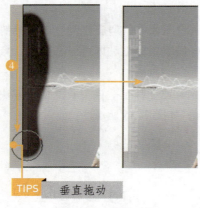
图 3-58　修复一次

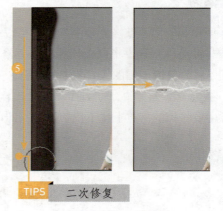
图 3-59　二次修复

05 此时会发现左面的文字与白色直线都被修复了，图像中只残留了一点黑色文字，在选项栏中将"模式"设置为"正常"，使用 ![] （污点修复画笔工具）在黑色文字上拖动，如图 3-60 所示。

06 松开鼠标后，会发现黑色文字已经被修复掉了。至此本次练习制作完毕，效果如图 3-61 所示。

图 3-60　涂抹

图 3-61　最终效果

3.3.3　使用"修复画笔工具"修复照片中的水印

使用 ![] （修复画笔工具）可以对被破坏的图片或有瑕疵的图片进行修复。使用该工具进行修复时首先要进行取样（取样方法为按住 Alt 键在图像中单击），再使用鼠标在被修复的位置上涂抹。使用样本像素进行修复的同时可以把样本像素的纹理、光照、透明度和阴影与所修复的像素相融合。![] （修复画笔工具）一般常用在修复瑕疵图片上。

![] （修复画笔工具）的使用方法是只要在需要被修复的图像周围按住 Alt 键单击鼠标设置源文件的选取点后，松开鼠标将指针移动到要修复的地方按住鼠标跟随目标选取点拖

动，便可以轻松修复，图 3-62 所示为修复图像的过程。

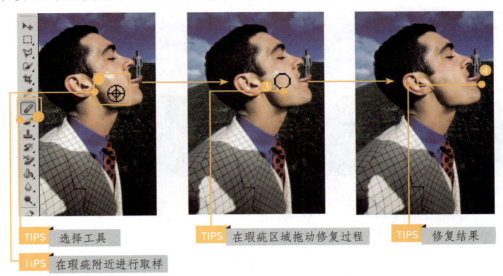

图 3-62　修复瑕疵

在网上下载的图片难免会有水印，（修复画笔工具）可以非常轻松地将水印清除，具体操作如下。

操作步骤＞＞

01 执行菜单栏中的"文件"→"打开"命令（或按 Ctrl+O 组合键），打开本书配备中的"素材\第 3 章\水印图像 .jpg"素材文件，如图 3-63 所示。

02 选择（修复画笔工具），在选项栏中设置"画笔"直径为 22，设置"模式"为"正常"，选中"取样"单选按钮，按住 Alt 键在水印上面的黄线处单击进行取样，如图 3-64 所示。

图 3-63　素材文件

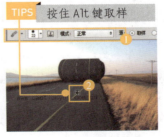

图 3-64　选择"修复画笔工具"

提示：使用（修复画笔工具）修复图像时，取样时最好按照被修复区域应该存在的像素，在附近进行取样，这样能将图像修复得更好一些。

03 取样完毕后，将鼠标移到水印文字上，按下鼠标拖动覆盖整个文字区域，修复过程如图 3-65 所示。

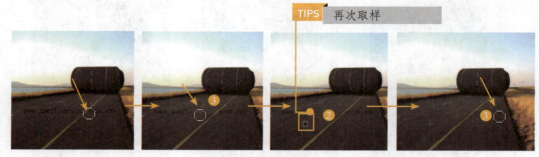

图 3-65　修复过程

04 使用同样的方法，对黄线边缘水印做进一步修复，使图像看起来更加完美，效果如图 3-66 所示。

图 3-66　修复后效果

3.3.4 使用"修补工具"清除照片中的日期

　　（修补工具）会将样本像素的纹理、光照和阴影与源像素进行匹配。（修补工具）一般常用在快速修复瑕疵较少的图片上。（修补工具）修复的效果与（修复画笔工具）类似，只是使用方法不同。

　　该工具的使用方法是通过创建的选区来修复目标或源，如图 3-67 所示。

图 3-67　修补工具修复过程

技巧：在使用 （修补工具）修补图像时，可以使用其他的选区工具创建选取范围。

用于拍摄的数码相机，大多数会将拍摄的日期添加到照片中，如果直接使用此照片，在视觉上一定会影响美观，使用 ▣（修补工具）可以十分轻松地将日期清除，具体操作如下。

操作步骤 >>

① 执行菜单栏中的"文件"→"打开"命令（或按 Ctrl+O 组合键），打开本书配备的"素材 \ 第 3 章 \ 瑕疵照片 02.jpg"素材文件，如图 3-68 所示。下面就使用 ▣（修补工具）修掉照片中的文字。

② 选择 ▣（修补工具），在属性栏中选择"修补"为"内容识别"、"自适应"为"中"，使用 ▣（修补工具）在照片中人物区域按住鼠标拖动创建选区，如图 3-69 所示。

图 3-68　素材文件

TIPS 沿文字边缘创建选区

图 3-69　设置"修补工具"

③ 创建完选区后，在选区内按下鼠标向左拖动，拖动的同时尽量找与文字背景相近的图像区域，如图 3-70 所示。

④ 松开鼠标，系统会自动将其修复。按 Ctrl+D 组合键去掉选区，完成修补，效果如图 3-71 所示。

图 3-70　修补过程

图 3-71　最终效果

3.4 网店图像的多种抠图技巧

无论是为单一的商品替换背景，还是为一系列的商品统一背景，这些都需要对商品本身进行抠图来完成。如果是制作商品的合成广告就更少不了抠图了，本节主要为大家介绍通过各种抠图方法将网拍的商品进行背景替换，使商品本身更加凸显，在图片视觉中吸引买家的注意力，从而间接地增加网店销量，图3-72所示的图像为更换背景前后的对比，从新换的背景中更能体现丝巾的飘逸感觉以及羽绒服的效果。

图 3-72　网店中的替换背景的商品

3.4.1 规则形状抠图

为商品拍照后想将拍摄的产品整体移动到自己喜欢的背景中，为产品进行规则几何抠图可分为圆形与矩形。对于规则形状进行抠图时，常用的工具就是选区工具中的 ▢（矩形选框工具）和 ○（椭圆选框工具）。

矩形选区替换图片背景

在 Photoshop 中用来创建矩形选区的工具只有 ▢（矩形选框工具），▢（矩形选框工具）使用方法是在图像中按住鼠标向对角拖动，松开鼠标即可创建选区，主要应用在对图像选区要求不太严格的图像中，具体的抠图方法如下。

操作步骤

01 启动 Photoshop 软件，打开本书配备的"素材\第3章\手机和炫彩背景.jpg"素材文件，如图 3-73 所示。

02 将"手机"素材作为当前编辑对象，在"工具箱"中选取 ▢（矩形选框工具）后，在手机正面周围创建选区，如图 3-74 所示。

图 3-73　素材文件　　　　　图 3-74　创建选区

03 执行菜单栏中的"选择"→"修改"→"平滑"命令，打开"平滑选区"对话框，设置"取样半径"为 20 像素，单击"确定"按钮，效果如图 3-75 所示。

04 执行菜单栏中的"选择"→"修改"→"羽化"命令，打开"羽化选区"对话框，设置"羽化半径"为 1 像素，单击"确定"按钮，效果如图 3-76 所示。

05 使用 ▶（移动工具）将选区内的图像拖动到"炫彩背景"素材中，效果如图 3-77 所示。

图 3-75　设置平滑　　　　图 3-76　设置羽化　　　　图 3-77　移动

提示：将抠取的图像可以通过先按 Ctrl+C 组合键进行复制，再到背景文件中按 Ctrl+V 组合键进行粘贴的方法将抠除的图像进行背景替换。

提示：通过矩形选框工具或椭圆选框工具创建选区后抠图，如果不进行羽化设置，会出现图像边缘与背景融合不协调的后果，羽化设置得过小或过大都会出现不自然的效果。图 3-78 所示的效果分别为羽化设置为 0、30、60 和 90 时替换背景的效果。

图 3-78　不同羽化值抠图的结果

06 在"图层"面板中复制一个手机所在的图层，执行菜单栏中的"编辑"→"变换"→"垂直翻转"命令，将图像垂直翻转，效果如图 3-79 所示。此操作的目的是制作倒影。

07 执行菜单栏中的"图层"→"图层蒙版"→"显示全部"命令，如图 3-80 所示。

图 3-79　复制并翻转

图 3-80　添加蒙版

08 将前景色设置为"白色"、背景色设置为"黑色"，选择 ■（渐变工具）后设置"渐变类型"为"线性渐变"，在蒙版中从上向下拖曳鼠标，填充渐变蒙版，如图 3-81 所示。

09 倒影制作完毕后，在手机上方输入文本 iPhone7，至此本例制作完毕，效果如图 3-82 所示。

图 3-81　编辑蒙版　　　　　　　　　　图 3-82　最终效果

技巧：使用▭（矩形工具）创建路径后，在"属性"面板中设置圆角值后，按 Ctrl+Enter 组合键将路径转换为选区，此时可以替换背景，如图 3-83 所示。

图 3-83　创建路径并编辑

椭圆选区替换图片背景

在 Photoshop 中用来创建椭圆或正圆选区的工具只有 ⬭（椭圆选框工具），⬭（椭圆选框工具）的使用方法与 ▭（矩形选框工具）大致相同，具体操作流程如图 3-84 所示。

图 3-84　椭圆选区替换背景

3.4.2 简单背景抠图

对于拍摄的商品照片进行抠图时，如果背景色是单色时，抠图时可以使用 （魔术橡皮擦）、 （快速选择工具）和 （魔棒工具），这3种工具可以通过智能运算的方式进行图像的选取。

魔术橡皮擦抠图

使用 （魔术橡皮擦工具）可以快速去掉图像的背景。该工具的使用方法非常简单，只要选择要清除的颜色范围，单击即可将其清除。删除背景色后的图像可以直接拖曳到新背景图像中，如图3-85所示。

图3-85　使用魔术橡皮擦抠图

快速选择工具以及魔棒工具抠图

使用 （快速选择工具）可以快速在图像中对需要选取的部分建立选区，使用方法非常简单，只要选择该工具后，使用鼠标在图像中拖动即可将指针经过的地方创建选区；使用 （魔棒工具）能选取图像中颜色相同或相近的像素，像素之间可以是连续的也可以是不连续的。通常情况下，使用 （魔棒工具）可以快速创建图像颜色相近像素的选区，创建选区的方法非常简单，只要在图像中某个颜色像素上单击，系统便会自动以该选取点为样本创建选区，下面以实例的方式进行讲解，具体操作如下。

操作步骤

01 启动Photoshop软件，打开本书配备的"素材\第3章\羽绒服"文件，如图3-86所示。在工具箱中选择 （快速选择工具），在选项栏中设置"画笔"的直径为15像素、"硬度"为70%，勾选"自动增强"复选框，如图3-87所示。

02 使用 （快速选择工具），在羽绒服的衣领处按下鼠标，在整个衣服上拖动，如图3-88所示。

03 选区创建完毕后，使用 （移动工具）将选区内的图像移动到新背景中完成背景替换，效果如图3-89所示。

图 3-86 羽绒服

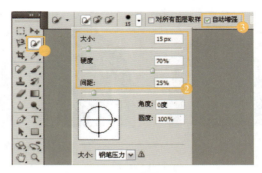

图 3-87 设置工具

图 3-88 创建选区

图 3-89 快速选择工具抠图换背景

04 从打开的素材中可以看到背景的颜色比较一致，可以使用 ![] （魔棒工具）在背景上单击，调出选区后，按 Ctrl+Shift+I 组合键将选区反选，使用 ![] （移动工具）将选区内的图像移动到新背景中完成背景替换，效果如图 3-90 所示。

05 在网店中常见的抠图替换背景，如图 3-91 所示。

图 3-90　魔棒工具替换背景

图 3-91　替换背景

3.4.3　复杂图形抠图

拍摄商品的类型不同形状也会有所不同，对于不规整形状的宝贝进行抠图时，就需要使用一些操作比较复杂的工具来完成，本小节为大家介绍一下 ▱（磁性套索工具）、▱（多边形套索工具）和 ✐（钢笔工具）在抠图时的使用方法。

多边形套索工具和磁性套索工具结合抠图

▱（多边形套索工具）通常用来创建较为精确的选区。创建选区的方法也非常简单，在不同位置上单击鼠标，即可将两点以直线的形式连接，起点与终点相交时单击即可得到选区，如图 3-92 所示。

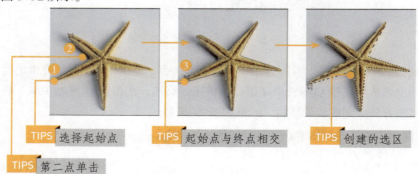

图 3-92　创建多边形选区

技巧：使用 （多边形套索工具）绘制选区时，按住 Shift 键可沿水平、垂直或与之呈 45°角的方向绘制选区；在终点没有与起始点重叠时，双击鼠标或按住 Ctrl 键的同时单击鼠标即可创建封闭选区。

（磁性套索工具）可以在图像中自动捕捉具有反差颜色的图像边缘，并以此来创建选区，此工具常用在背景复杂但边缘对比度较强烈的图像中。创建选区的方法也非常简单，在图像中选择起点后沿边缘拖动即可自动创建选区，如图 3-93 所示。

图 3-93　使用磁性套索工具创建多边形选区

技巧：使用（磁性套索工具）创建选区时，单击鼠标也可以创建矩形标记点，用来确定精确的选区；按键盘上的 Delete 键或 Backspace 键，可按照顺序撤销矩形标记点；按 Esc 键可消除未完成的选区。

本节为大家讲解使用（多边形套索工具）和（磁性套索工具）相结合的方法对产品进行创建选区并抠图，由于本节主要为大家讲解这两个工具相配合使用进行抠图，所以为大家选取了一个音响素材作为操作对象，具体操作过程如下。

> 操作步骤 >>

① 打开本书配备的"素材\第3章\音箱.jpg"素材文件,在工具箱中选择 ▶(磁性套索工具),在属性栏中设置"羽化"为1像素、"宽度"为10像素、"对比度"为15%、"频率"为57,在音箱手提部的顶部单击创建选区点,如图3-94所示。

② 沿音箱边缘拖动鼠标,此时会发现 ▶(磁性套索工具)会在音箱边缘创建锚点,如图3-95所示。

图3-94　打开素材设置属性　　　　　图3-95　创建过程

③ 当前音箱左下部的区域使图像变得像素之间不够强烈,此时只要按住Alt键将 ▶(磁性套索工具)变为 ▶(多边形套索工具)在边缘处单击即可创建选区,如图3-96所示。

④ 移动鼠标到音箱的左上边,图像边缘像素变得反差较大后松开Alt键,将工具恢复成 ▶(磁性套索工具)继续拖动鼠标创建选区,起点与终点相交时指针右下角会出现一个圆圈,如图3-97所示。

图3-96　转为多边形套索工具　　　　图3-97　转为磁性套索工具

⑤ 起点与终点相交时单击即可创建选区,如图3-98所示。

⑥ 此时使用 ▶(移动工具)即可将选区内的图像进行移动,如图3-99所示。

图3-98　创建选区　　　　　　　　　图3-99　移动图像

07 打开一张背景图,将抠取的素材拖曳到新素材合适的位置,效果如图3-100所示。

图3-100 最终效果

钢笔工具抠图

使用 ✍ (钢笔工具)可以精确地绘制出直线或光滑的曲线,还可以创建形状图层。

该工具的使用方法也非常简单。只要在页面中选择一点单击,移动到下一点再单击,就会创建直线路径;在下一点按下鼠标并拖动会创建曲线路径,按Enter键绘制的路径会形成不封闭的路径;在绘制路径的过程中,当起始点的锚点与终点的锚点相交时鼠标指针会变成 ♣ 形状,此时单击鼠标,系统会将该路径创建成封闭路径。

1 创建路径

使用 ✍ (钢笔工具)绘制直线路径、曲线路径和封闭路径的方法,具体操作如下。

操作步骤 ➢ ➢

01 启动Photoshop新建一个空白文档,选择 ✍ (钢笔工具)后,在页面中选择起点单击 ❶,移动到另一点后再单击 ❷,会得到图3-101所示的直线路径。按Enter键直线路径绘制完毕。

02 新建一个空白文档,选择 ✍ (钢笔工具)后,在页面中选择起点单击 ❶,移动到另一点 ❷ 后按下鼠标拖动,会得到图3-102所示的曲线路径。按Enter键曲线路径绘制完毕。

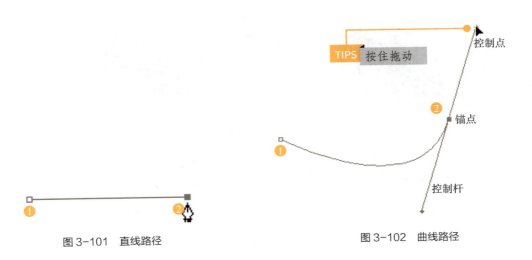

图3-101 直线路径   图3-102 曲线路径

⑬ 新建一个空白文档，选择 ▱（钢笔工具）后，在页面中选择起点单击❶，移动到另一点❷后按下鼠标拖动，松开鼠标后拖动到起始点❸单击会得到图 3-103 所示的封闭路径。按 Enter 键曲线路径绘制完毕。

图 3-103　封闭路径

2 创建路径

通过 ▱（钢笔工具）创建的路径是不能直接进行抠图的，此时只要将创建的路径转换为选区，就可以应用 ▸（移动工具）将选区内的图像移动到新背景中完成抠图，在 Photoshop 中将路径转换为选区的方法很简单，可以是直接通过按 Ctrl+Enter 组合键将路径转换为选区；还可以通过"路径"面板中的"将路径作为选区载入"按钮 ▱ 将路径转换为选区；如果在 Photoshop CS6 中，可以直接在"属性栏"中单击"建立选区"按钮 选区… 将路径转换为选区；或者在"建立选区"对话框中选中"新建选区"单选按钮，将路径转换为选区，如图 3-104 所示。

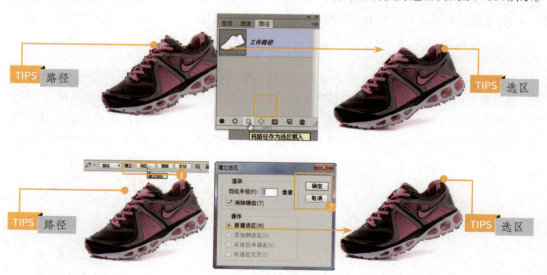

图 3-104　将路径转换为选区

本节为大家讲解使用 ▱（钢笔工具）为复杂的女鞋进行抠图，在抠图的过程中主要了解 ▱（钢笔工具）在实际操作中的使用及技巧，具体的操作过程如下。

操作步骤 ▶▶

⓵ 启动 Photoshop 软件，打开一张拍摄的女鞋照片，如图 3-105 所示。

02 选择 (钢笔工具)后,在"属性栏"中选择"模式"为"路径"后,再在图像中女鞋边缘单击创建起始点,沿边缘移动到另一点按下鼠标创建路径,连线后拖动鼠标将连线调整为曲线,如图 3-106 所示。

图 3-105　素材　　　　　　　　图 3-106　创建并调整路径

03 松开鼠标后,将指针拖动到锚点上按住 Alt 键,此时指针右下角出现一个 符号,单击鼠标将后面的控制点和控制杆消除,如图 3-107 所示。

图 3-107　拖动控制杆

技巧:在 Photoshop 中使用 (钢笔工具)沿图像边缘创建路径时,创建曲线后当前锚点会同时拥有曲线特性,在创建下一点时如果不是按照上一锚点的曲线方向进行创建,将会出现路径不能按照自己的意愿进行调整的尴尬局面,此时只要结合 Alt 键在曲线的锚点上单击取消锚点的曲线特性,在进行下一点曲线创建时就会非常容易,如图 3-108 所示。

图 3-108　编辑

04 到下一点按住鼠标拖动创建贴合图像的路径曲线，再按住 Alt 键在锚点上单击，如图 3-109 所示。

图 3-109 创建路径并编辑

05 使用同样的方法在鞋子边缘创建路径，过程如图 3-110 所示。

图 3-110 创建路径

06 当起点与终点相交时，指针右下角出现一个圆圈，单击鼠标完成路径的创建，如图 3-111 所示。

图 3-111 创建路径

07 路径创建完毕后，按 Ctrl+Enter 组合键将路径转换为选区，如图 3-112 所示。

08 打开一张背景图，将抠取的素材拖曳到新素材合适的位置，效果如图 3-113 所示。

图 3-112 将路径转换为选区　　　　　　　　图 3-113 最终效果

3.4.4 毛发抠图

拍摄有模特参与的宝贝图片时,抠图时会遇到人物的发丝区域,如果使用 (多边形套索工具)或 (钢笔工具)进行抠图时,会发现头发区域会出现背景抠不干净的效果,如图 3-114 所示。

TIPS 发丝处有白色背景

图 3-114 发丝边缘有背景颜色

选区创建完毕后,可以通过"调整边缘"命令,修整发丝处的背景,具体的操作如下。

操作步骤

① 打开本书配备的"素材\第 3 章\模特 02.jpg"素材文件。使用 (快速选择工具)在人物上拖动创建一个选区,如图 3-115 所示。

② 创建选区后,执行菜单栏中的"选择"→"调整边缘"命令,打开"调整边缘"对话框,选择 (调整半径工具)❶,在人物发丝边缘处向外按下鼠标拖动❷,如图 3-116 所示。

图 3-115 为素材创建选区

TIPS 向外拖动鼠标   TIPS 选择工具

图 3-116 编辑选区

③ 在发丝处按下鼠标细心涂抹,此时会发现发丝边缘已经出现在视图中,拖动过程如

图 3-117 所示。

04 涂抹后发现边缘处有多余的部分,此时只要按住 Alt 键在多余处拖动,就会将其复原,如图 3-118 所示。

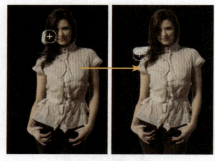
图 3-117　编辑发丝

TIPS　按住 Alt 键拖动鼠标

图 3-118　编辑选区

05 设置完毕单击"确定"按钮,调出编辑后的选区,打开本书配备的"素材文件\第 3 章\风景"素材后,如图 3-119 所示。

图 3-119　选区和风景素材

06 使用 (移动工具)将选区内的图像拖动到"风景"文档中,最终效果如图 3-120 所示。

图 3-120　最终效果

3.4.5 图层关系替换背景

在 Photoshop 中通过图层蒙版可以更加直观地对图像进行抠图，抠图后不对原图进行破坏，如果需要原图，只要将蒙版隐藏即可恢复原图本来面貌，在图层中编辑蒙版可以通过 ◢（画笔工具）、◢（橡皮擦工具）和 ▣（渐变工具）进行操作。

渐变工具编辑蒙版替换背景

在 Photoshop 中使用 ▣（渐变工具）可以将两张图片进行渐进式的融合，方式包含线性渐变、径向渐变、角度渐变、对称渐变及菱形渐变。为网拍产品抠图换背景通过 ▣（渐变工具）时多数会使用"径向渐变和菱形渐变"，因为这两种渐变可以将产品保留的同时虚化背景并将其与另一张图片进行融合，如图 3-121 所示。

图 3-121　渐变抠图替换背景

画笔工具编辑蒙版替换背景

在 Photoshop 中使用 ◢（画笔工具）或 ◢（橡皮擦工具）编辑蒙版抠图可以更加细致地将两个图片进行融合且不对图像进行破坏。相对于 ▣（渐变工具）可以将边缘处理得更加细致，具体的抠图方法如下。

操作步骤 >>

01 启动 Photoshop 软件，打开本书配备的"素材\第 3 章\手表 .png 和手表背景 .jpg"素材文件，如图 3-122 所示。

图 3-122　素材文件

02 使用 ▸╋（移动工具）将"手表"图像拖曳到"手表背景"文件中，单击"添加图层蒙版"按钮，为图层 1 添加一个空白蒙版，如图 3-123 所示。

 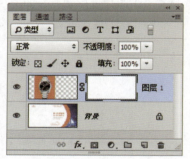

图 3-123　添加图层蒙版

03 将前景色设置为"黑色"，使用 ✎（画笔工具）在手表边缘进行涂抹，不要涂到手表上面，如图 3-124 所示。

图 3-124　编辑

04 在使用 ✎（画笔工具）的编辑过程中，尽量按照图像的需要随时调整画笔的直径大小，在图像中手表以外的区域进行涂抹，过程如图 3-125 所示。

第 3 章 提升宝贝的视觉效果

图 3-125 编辑

05 此时的"图层"面板如图 3-126 所示。

06 本例制作完成,效果如图 3-127 所示。

图 3-126 "图层"面板

图 3-127 最终效果

技巧：（画笔工具）与 ◢（橡皮擦工具）编辑图层蒙版的操作方法一样，只是在编辑时 ◢（画笔工具）要求设置前景色；◢（橡皮擦工具）要求设置背景色。

3.4.6 半透明宝贝的抠图方法

在 Photoshop 中对半透明对象进行抠图的功能可以在"通道"面板中完成。使用"通道"面板进行抠图时，通常需要会应用一些工具结合"通道"面板进行抠图的操作，在操作完毕之后必须要把编辑的通道转换为选区，再通过 ✥（移动工具）将选区内的图像拖动到新背景中完成抠图，对通道进行编辑时主要使用 ◢（画笔工具），通道中黑色部分为保护区域，白色区域为可编辑位置，灰色区域将会创建半透明效果，如图 3-128 所示。

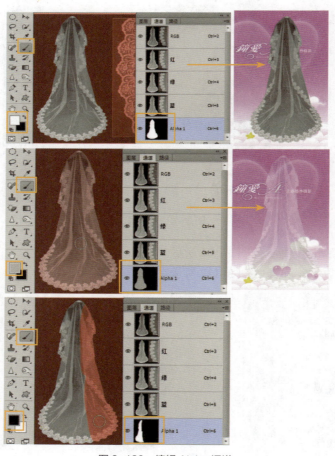

图 3-128　编辑 Alpha 通道

技巧：默认状态时，使用黑色、白色及灰色编辑通道可以参考下表进行操作：

涂抹颜色	彩色通道显示状态	载入选区
黑色	添加通道覆盖区域	添加到选区
白色	从通道中减去	从选区中减去
灰色	创建半透明效果	产生的选区为半透明

本节为大家讲解使用 （钢笔工具）为酒瓶创建路径，再在"通道"面板中为酒瓶玻璃部分进行半透明抠图，具体的操作过程如下。

操作步骤

01 启动 Photoshop 软件，打开本书配备的"素材\第 3 章\酒 .jpg"素材文件，如图 3-129 所示。

02 选择 （钢笔工具）后，在属性栏中选择"模式"为"路径"后，再在图像中瓶子边缘单击创建起始点，沿边缘移动到另一点，单击鼠标左键创建路径连线后拖动鼠标，将连线调整为曲线，如图 3-130 所示。

03 松开鼠标后，将指针拖动到锚点上，按住 Alt 键，此时指针右下角出现一个 符号，单击鼠标将后面的控制点和控制杆消除，再到下一点处单击创建锚点，在曲线的区域按住鼠标拖动，将路径调整为曲线，如图 3-131 所示。

图 3-129　素材

图 3-130　创建路径

图 3-131　创建并调整路径

04 使用同样的方法在瓶子边缘创建路径，过程如图 3-132 所示。

05 当起点与终点相交时，指针右下角出现一个圆圈，单击鼠标完成路径的创建，如图 3-133 所示。

06 路径创建完毕后，按 Ctrl+Enter 组合键将路径转换为选区，如图 3-134 所示。

图 3-132 创建路径

图 3-133 创建路径　　　　　　　　　图 3-134 将路径转换为选区

07 在"通道"面板中单击"将选区储存为通道"按钮 ▣，如图 3-135 所示。

08 选择 Alpha1 通道，将选区填充为灰色，此时灰色就是半透明，如图 3-136 所示。

图 3-135 将路径转换为选区

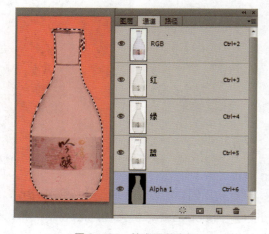

图 3-136 填充通道选区

09 将前景色设置为"白色"，使用 ✐（画笔工具）在酒瓶不应为透明的区域进行涂抹，如图 3-137 所示。

图 3-137 编辑通道

⑩ 编辑完毕后,单击"将通道作为选区载入"按钮,重新载入选区,如图 3-138 所示。

⑪ 打开本书配备的"素材\第 3 章\酒背景"素材,如图 3-139 所示。

图 3-138 载入通道选区 图 3-139 素材

⑫ 使用 (移动工具)将选区内的图像移动到新背景中,此时发现玻璃部分是半透明效果,如图 3-140 所示。

⑬ 抠图完毕后为图像进行一下调整,执行菜单栏中的"图像"→"调整"→"色阶"命令,打开"色阶"对话框,其中的参数值设置如图 3-141 所示。

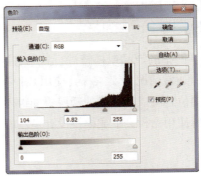

图 3-140 抠图后 图 3-141 色阶调整

⑭ 设置完毕单击"确定"按钮，此时发现酒瓶对比度已经加强了，如图 3-142 所示。
⑮ 复制酒瓶垂直翻转后，调整位置得到倒影效果，如图 3-143 所示。
⑯ 输入产品宣传文字和促销文字，用来吸引买家眼球增加销量，如图 3-144 所示。

图 3-142　色阶调整

图 3-143　倒影

图 3-144　输入文字

⑰ 为文字添加"外发光、光泽和描边"样式，以提升视觉冲击力，最终效果如图 3-145 所示。

图 3-145　最终效果

3.4.7　综合抠图方法

对于网拍的产品或模特进行背景替换时，并不只是使用一种抠图模式就能够得到较好的效果，通常情况下卖家都会使用几种抠图模式相结合的方法进行操作，这样做的好处是针对不同位置可以将边缘处理得更加得体，比如对于模特的头发就不能使用路径进行抠图，如果强行使用路径会造成模特没有发丝的效果，如图 3-146 所示。

第 3 章 提升宝贝的视觉效果

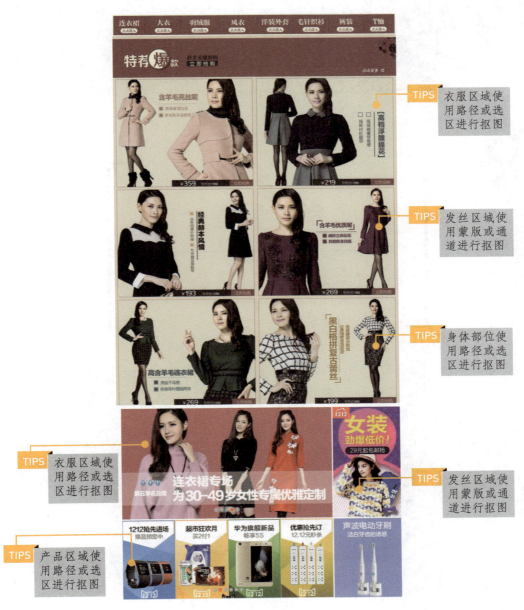

图 3-146 综合抠图

第4章
转化流量的视觉图

本章重点
- 设计店标
- 直通车图片的设计
- 钻展图片的设计

在淘宝中能够起到此类作用的图片主要包括店标、直通车和轮展图。其中，店标是通过搜索同类店铺的店标图片来吸引买家；直通车和轮展图是直接通过图像视觉效果来吸引买家。

4.1 设计店标

店标就是网上店铺的标志，也就是通常所说的Logo，是店铺的标志，文件格式为GIF、JPG、JPEG、PNG，文件大小在80KB以内，建议尺寸为100像素×100像素。设计店铺的店标的目的就是在还没有进入淘宝店铺之前，单单只是通过一个Logo来吸引买家的注意力，在搜索同类店铺时，可以在左侧看到店标的标志，右侧会显示该店铺出售的相关商品，如图4-1所示。

图4-1 店铺标志和出售的宝贝

4.1.1 店标设计的原则

在设计店标时大体可分为两大派：一派是以设计为主，要求构图有创意、新颖、富有个性化；另一派是以实物为主，要求店标有内涵，能体现店铺个性特征、独特品质，在店标中可以直接看出经营产品，如图4-2所示。

图 4-2 遵循不同原则的店标

4.1.2 店标的作用

通过一定的图案、颜色来向消费者传输商店信息，以达到识别商店、促进销售的目的。店标能够使消费者产生有关商店经营商品类别或行业的联想。风格独特的标识能够刺激消费者产生联想，从而对该商店产生好的印象。

4.1.3 店标的制作构思

制作的思路可以通过文字、字母的组合来得到理想设计风格，还可以通过图像化进行显示，可以让观看者十分容易地了解作者的制作思路，将制作时用到的标准色附加到演化过程下方，目的是让浏览者知道店标在设计时使用的颜色，如图 4-3 所示。

图 4-3 店标的设计思路

4.1.4 店标的制作过程

店标的具体制作思路已经明确，制作过程包含提取关键字或首字母。将字母和图案结合，完成标志的构思。本节以渔具经营店标"康达盈创"为设计蓝本，由于直接按照 100 像素 ×100 像素的大小进行编辑，图像太小操作起来不是很方便，这里可以先将大小创建为店标的 5 倍，之后再将其缩小，这样可以便于操作，具体操作过程如下。

操作步骤 >>>

① 打开 Photoshop 软件，执行菜单栏中的"文件"→"新建"命令，打开"新建"对话框，其中的参数值设置如图 4-4 所示。

② 设置完毕单击"确定"按钮，系统会新建一个空白文档，如图 4-5 所示。

图 4-4 "新建"对话框

图 4-5 新建文档

③ 新建一个图层，使用 ◯ （椭圆工具）在页面中绘制"青色"正圆，如图 4-6 所示。

④ 使用 ◯ （椭圆选框工具）绘制一个正圆选区，按 Delete 键删除选区内的图像，如图 4-7 所示。

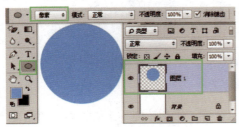
图 4-6 绘制正圆

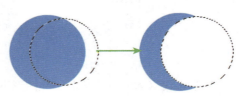
图 4-7 删除选区内容

⑤ 按 Ctrl+D 组合键去掉选区，使用 ◿ （钢笔工具）在月牙处绘制路径，如图 4-8 所示。

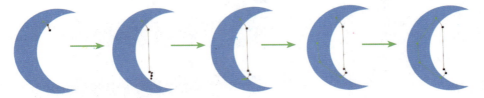
图 4-8 绘制路径

06 按 Ctrl+Enter 组合键将路径转换为选区，将其填充为"青色"，如图 4-9 所示。

07 按 Ctrl+D 组合键去掉选区，使用 绘制一个三角形，将路径转换为选区，并将其填充为"青色"，如图 4-10 所示。

图 4-9　填充青色　　　　　　　　　图 4-10　绘制三角形

08 去掉选区，在三角形月牙部分绘制选区，将其填充为"橘色"，如图 4-11 所示。

09 在月牙上端绘制白色正圆和橘色正圆，将其作为眼睛，如图 4-12 所示。

图 4-11　填充橘色　　　　　　　　　图 4-12　绘制眼睛

10 在伸出的三角处绘制青色矩形、青色正圆和橘色正圆，作为钓起的鱼，效果如图 4-13 所示。

图 4-13　绘制钓起的鱼

11 使用 在图形下方输入文字"康达盈创"，如图 4-14 所示。

图 4-14　输入文字

⑫ 执行菜单栏中的"图层"→"拼合图像"命令，将其图层合并，再执行菜单栏中的"图像"→"图像大小"命令，将大小调整为100像素，如图4-15所示。

⑬ 设置完毕单击"确定"按钮，至此"康达盈创（店标）"制作完毕，如图4-16所示。

图4-15 设置图像大小

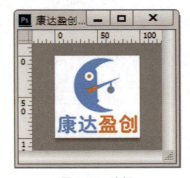

图4-16 店标

⑭ 对于不同产品可以设计出不同的店标，如图4-17所示的图像为各种LOGO设计。

图4-17 店标LOGO

4.1.5 动态旺铺的店标设计

在店铺中如果店标是动态的，看起来会更加引人注意，下面就将之前制作的静态店标制作成动态GIF效果，具体操作如下。

操作步骤

01 将刚才制作的店标打开，在"图层"面板中单击"创建新的填充或调整图层"按钮，在弹出的菜单中选择"色相/饱和度"命令，如图4-18所示。

02 在打开的"属性"面板中设置参数，如图4-19所示。

03 执行菜单栏中的"窗口"→"时间轴"命令，打开"时间轴"面板，设置"帧延迟时间"为0.1，如图4-20所示。

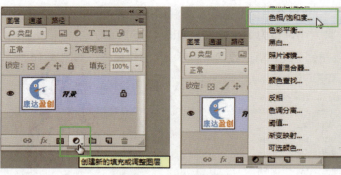

图 4-18　创建调整图层　　　　　　　图 4-19　调整"色相/饱和度"

④ 单击"复制所选帧"按钮,在"时间轴"面板中得到一个帧 2,如图 4-21 所示。

图 4-20　编辑动画(1)　　　　　　　图 4-21　编辑动画(2)

⑤ 在"图层"面板中,隐藏"色相/饱和度"图层,如图 4-22 所示。

⑥ 在"时间轴"面板中,单击"过渡动画帧"按钮，弹出"过渡"对话框,其中的参数值设置如图 4-23 所示。

图 4-22　编辑动画(3)　　　　　　　图 4-23　"过渡"对话框

⑦ 设置完毕单击"确定"按钮,此时"时间轴"面板如图 4-24 所示。

图 4-24　"时间轴"面板

⑧ 将最后一帧的"时间延迟"设置为 0.5，设置"循环"为"永远"，此时动画制作完毕，如图 4-25 所示。

图 4-25 "时间轴"面板

⑨ 执行菜单栏中的"文件"→"储存为 Web 所用格式"命令，打开"储存为 Web 所用格式"对话框，如图 4-26 所示。

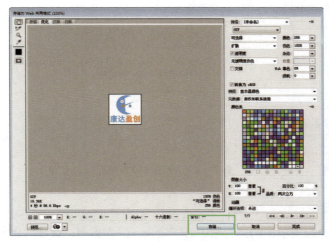

图 4-26 储存

⑩ 单击"存储"按钮，弹出"将优化结果存储为"对话框，如图 4-27 所示。

图 4-27 "将优化结果储存为"对话框

⑪ 单击"保存"按钮，完成动态店标的制作。

4.1.6 发布店标

店铺开张后的第一件事就是为自己的网店挂上店铺标志,在淘宝店铺中更换店标时,进入"店铺基本设置"中可以看到"上传图标""店铺名称""店铺标志""店铺简介"等信息,如图 4-28 所示。当店铺已经运营成功后,若对之前的店标感到不满意想再换一个,只要将设计好的静态或动态店标准备好即可,具体替换方法如下。

图 4-28　店铺基本设置界面

操作步骤>>

01 在淘宝中执行菜单中的"卖家中心"命令,进入后台,选择"店铺基本设置"中的"淘宝店铺"选项卡,此时在"基础信息"区域只要单击店标下面的"上传图标"按钮即可,如图 4-29 所示。图标支持的文件格式为 GIF、JPG、JPEG、PNG。

图 4-29　单击"上传"图标按钮

02 单击"上传图标"按钮后,系统会弹出"打开"对话框,选择 4.1.5 小节中设计制作的"店

标 .jpg"格式店标,如图 4-30 所示。

03 选择完毕后单击"打开"按钮,即可将之前的店标进行替换,如图 4-31 所示。

图 4-30 选择

图 4-31 替换的店标

04 单击"保存"按钮后,此时在淘宝中搜索店铺便可以看到新设置的店标效果,如图 4-32 所示。

图 4-32 店标效果

4.2 直通车图片的设计

在买家还没有进入店铺或详情页之前,最先看到的恐怕只有直通车了,所以说设计一个直通车图片,在淘宝运营和推广中起到非常重要的作用。直通车是淘宝卖家推广店铺经常用到的手段之一。直通车推广要想提高点击率,带来流量,首先要做好图片的视觉优化和文字的精炼排版工作,如图 4-33 所示。

图 4-33　淘宝中直通车图片

4.2.1　直通车图片的设计原则

大家要知道，淘宝直通车推广要吸引点击，从而引来流量，除了要做好文字的精炼排版之外，还有必不可少的推广图制作，别轻视这小小的推广图，能否有效地为网店带来流量甚至转化率，可都靠这直通车推广图。

直通车图片的设计好坏，可以直接影响到店铺的销量。在设计图片时，要在吸引买家方面、传达主体信息以及直通车的设计要领方面多下一些功夫。

吸引买家方面

在定位方向后，制作直通车图片首先要考虑图片的卖点，将卖点放置到直通车图片中并将其放大，以直接辅助产品本身吸引流量。以下便是不同卖点的一个总结，如图4-34所示。

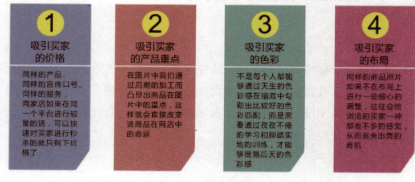

图 4-34　吸引买家方面

1 吸引买家的价格

针对网店销售中商品的价格进行详细的剖析,同样的产品、同样的宣传口号、同样的服务,两家店如果在同一个平台进行较量的话,可以快速对买家进行吸引的就只剩下价格了,在卖家不会赔钱的基础上,不是相差很多哪怕只是一分钱或在原有价格上的轻微折扣,在图像中的视觉和买家心理上就会起到一个绝对的主导作用,这就是价格的魅力,将价格直接以视觉的方式加在产品图像中就会起到推波助澜的效果,如图4-35所示。

图 4-35 吸引买家的价格

提示:在对商品照片进行价格编辑时,应该避开商品的第一视觉,让买家先看到产品的品牌,然后再看到商品的促销价格,这样的好处可以让买家在心理上产生对当前品牌商品的价格接受度,从而达到成交的目的。

2 吸引买家的产品重点

针对网店销售中的商品,在网上卖东西说白了就是卖图片,商品再好拍出的图片如果不吸引人,那么此商品最后的结局无外乎两个下场,一个是永远放在那里占用网店的位置成为僵尸商品变为库存,另一个就是会被卖家直接下架更换成其他商品,如果在图片中通过后期的加工而凸显出商品在图片中的重点,这样就会直接改变该商品在网店中的命运,图4-36所示图片就是已经通过文字或添加修饰来凸显商品重点。

图 4-36 吸引买家的产品重点

3 吸引买家的色彩

不是每个人都能够通过天生的色彩感在脑海中勾勒出比较好的色彩匹配，而是需要通过孜孜不倦的学习和脚踏实地的训练，才能够提高后天的色彩感，如果一个商品的颜色与背景色相同或者相近的话，是很容易使得商品的辨识度降低的，同时也让消费者很难将注意力集中在商品上，配合完美的色彩可以完全凸显出商品的本身，如图4-37所示。

图4-37　吸引买家的色彩

提示：在设计直通车图片的时候要懂得选择背景色，或者尽量在拍摄中使用与商品本身色彩差异较大的颜色，但是也不要让背景的颜色太过于复杂；否则很容易使商品在图片中的主导地位受到影响。

4 吸引买家的布局

淘宝直通车图片的布局也就是构图，一个好的构图可以让浏览者看起来十分舒服，直通车图片的构图主要有如图4-38所示的几种。

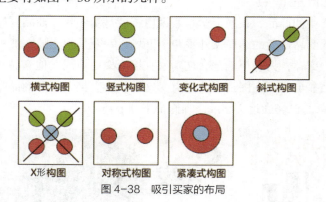

图4-38　吸引买家的布局

传达主体信息

明确了卖点之后就是对直通车图片的后期设计了，在设计中应该考虑的无非就是以下几点，如图4-39所示。

图 4-39　传达主体信息

1 单独宝贝展示

没有文案参与只是以宝贝本身作为宣传推广图片，这样的图片就需要前期的拍摄了，在拍摄时注意背景以及色彩的搭配，或者在后期对照片进行色彩或凸显主体的加工，推荐使用 Photoshop，如图 4-40 所示。

图 4-40　单独宝贝展示

2 宝贝 + 文案展示

宝贝图片编辑完成后，使用合适的软件在图片上加入与之相呼应的文案，文案也需要一定的排版，这样看起来才会舒服一些，如图 4-41 所示。

图 4-41　宝贝 + 文案展示

3 宝贝与文案创意结合展示

本单元需要大量的图片素材作为可操作对象，使直通车整体看起来非常绚丽多彩，如图 4-42 所示。

图 4-42　宝贝与文案创意结合展示

直通车的设计要领

在对直通车图片进行设计时一定要考虑图片设计的一些要领，才能在成千上万的宝贝中脱颖而出，具体的要领如图 4-43 所示。

图 4-43　直通车的设计要领

1 明确卖点

众所周知，直通车图片就是商品主图的第一张展图。在设计直通车图片时，首先要考虑该图片在设计时应该让买家第一时间想要知道什么，无论是价格、产品功能还是产品本身，在设计时都要将重点凸现出来，一定不要将重点部分与次要部分平分秋色，让买家分不清主次，直通车图片在制作时通常不会只做一张，可以在不同的直通车图片中显示出不同的卖点，如图 4-44 所示。

图 4-44　明确卖点

2 文案辅助

在缩放商品图片的时候，商品会相应变模糊，因此在缩小商品后适当锐化一次，不要超过两次，这样商品看上去更有质感，但是，缩小了的图片切勿放大，如果觉得商品缩放得太小了，就拿拍摄的高精度原图重新缩放，主图部分调整清晰后，对于辅助的文本设计需要整齐、统一，缺一不可。整齐即所有文字左或中或右对齐；统一就是字体、样式、颜色、大小、行距、字间距等统一。对于其中重点信息，可以通过改变字体大小或颜色来体现主次。

对于展示文案的具体内容，必须要分析商品及受众消费群体，提炼出最精髓的信息予以展示。例如，功能类产品以展示功效为主，对于普通工薪消费人群以展示优惠折扣为主，对于优势突出的商品的展示优势为主，同时也可以考虑给消费者更多的选择空间。切勿盲目展示；否则得不偿失，如图4-45所示。

图4-45 文案辅助

3 差异化设计

每次说到差异化，很多人会感到无从下手。差异化在落实的时候一定要结合到搜索环境去考虑，去看自己的精准对手都在用什么样的图片，在你平常卡的位置所在的宝贝的图片是怎么样的，通过这些基础的分析之后，去考虑做差异化的图片设计，如面膜，别人都是只展示产品本身的时候，我们可以将其做成前后对比的效果，或者制作创意图片；例如衣服现在很多都是使用模特进行拍摄，这时可以考虑挂牌或摆拍，总之就是与众不同，如图4-46所示。

图4-46 差异化设计

4.2.2 直通车在淘宝中的位置

（1）直通车在淘宝网上出现在搜索宝贝结果页面的右侧（13个广告位）和宝贝结果页的最下端（5个广告位）。搜索页面可一页一页往后翻，展示位以此类推，展现形式是图片+文字，如图4-47所示。

图 4-47 直通车位置

（2）其他的展现位置。包括"已买到宝贝"页面中的掌柜热卖、"我的收藏"页面中的掌柜热卖、"每日焦点"中的热卖排行。

（3）直通车活动展示位。淘宝首页下方的热卖单品；各个子频道下方的热卖单品等。

（4）天猫页面下面的直通车展示位：通过输入搜过关键词或单击搜索类目时，在搜索结果页面的最下方"商家热卖"的 4 个位置，展示位以此类推。

4.2.3 设计与制作直通车图片

直通车图片就是宝贝主图中的第一张图片，在设计制作时直通车图尺寸为 800 像素 ×800 像素可以促发放大效果，其次文字不要太多，突出重点就好，本小节以汰渍洗衣液为商品制作一个直通车图片，具体操作如下。

操作步骤 >>

01 打开 Photoshop 软件，执行菜单栏中的"文件"→"打开"命令，打开本书配备的"素材\第 4 章\衣服 .jpg、光 1.png、标志 .png 和洗衣液 .jpg"素材文件，如图 4-48 所示。

图 4-48　素材

02 新建一个宽度与高度都为 800 像素的正方形空白文档，使用 ▶ （移动工具）将"衣服"、"光 1"和"洗衣液"素材拖曳到新建文档中，效果如图 4-49 所示。

03 新建一个图层，使用 ◯ （椭圆工具）在页面中绘制"蓝色"正圆，如图 4-50 所示。

图 4-49　新建文档并移入素材　　　　　　　　图 4-50　绘制正圆

04 新建一个图层，使用 ▽ （多边形工具）绘制一个三角形选区，将其填充为"蓝色"，如图 4-51 所示。

图 4-51　绘制选区填充颜色

05 使用 ◯ （椭圆工具）绘制一个正圆路径，使用 T （横排文字工具）将光标移动到路径上单击鼠标输入文字，此时文字会沿路径创建，如图 4-52 所示。

图 4-52 创建沿路径文字

06 在正圆内输入白色文字，效果如图 4-53 所示。

07 新建一个图层，使用 ▫（矩形选框工具）在底部绘制一个矩形选区，再使用 ▫（渐变工具）从上向下填充从"青色到淡蓝色"的线性渐变，如图 4-54 所示。

图 4-53 输入文字　　　　　　　　　　图 4-54 填充渐变色

08 按 Ctrl+D 组合键取消选区，复制绘制的矩形图层，执行菜单栏中的"编辑"→"变换/透视"命令，拖曳控制点进行透视编辑，单击右键选择快捷菜单中的"缩放"命令，在拖曳控制点调整形状，如图 4-55 所示。

图 4-55 透视及缩放

09 按 Enter 键完成变换，执行菜单栏中的"图层"→"图层样式"→"投影"命令，打开投影设置界面，其中的参数值设置如图 4-56 所示。

10 设置完毕单击"确定"按钮，添加投影后的效果如图 4-57 所示。

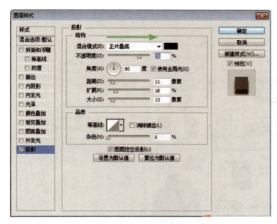
图 4-56 投影设置界面

图 4-57 添加投影效果

⑪ 将"标志"素材拖曳到新建文档中,调整位置和大小,效果如图 4-58 所示。
⑫ 使用 T (横排文字工具)输入文本,至此本例制作完毕,效果如图 4-59 所示。

图 4-58 移入素材

图 4-59 直通车图片

4.3 钻展图片的设计

淘宝钻展位以图片的视觉效果吸引买家进店,看似简单的钻展图片,事实上制作起来十分有难度!图片视觉效果是否有足够的吸引的、图片制作规格是否符合淘宝规定等,都需要设计者了解,好的淘宝钻展图绝对可以为店铺带来流量,在淘宝首页、淘宝频道、淘宝站外均设有钻展位,尺寸有 50 多种,图 4-60 所示为淘宝首页的钻展主图。

图 4-60　淘宝中钻展图

4.3.1 钻展图片的设计原则

  一个钻展位置的投放，前期要经过大量的数据分析及投入产出比值预算才能把广告位给定下，可不是那么容易的。因为毕竟是花钱做的广告，若没有能带来效益的足够把握，商家也不会贸然行事。因此，在钻展广告投放前，对钻展图片要求也十分严格，钻展图就是一个店铺的迎宾使者，将其做好了就会带来巨大的流量。

  钻展图的设计原则与直通车的设计原则基本相同，只是在设计时比直通车要更加严格。

技巧：由于淘宝网首页不允许出现 Flash 广告，所以只能用 JPG 格式或者 GIF 格式的图片。字体建议使用方正字体以及宋体、黑体。

提示：钻展位的特点主要包含以下两点。
（1）范围广。覆盖全国大约 80% 的网上购物人群，每天超过 12 亿次的展现机会。
（2）定向精准。目标定向强，迅速锁定目标人物，广告投其所好，加大订单转化量。

4.3.2 钻展图片主图的设计与制作

钻展主图就是淘宝首页第一屏中的大焦点图，设计主图时要求先掌握其图片尺寸规格、卖点、文案等内容，本小节以冲锋衣作为素材进行钻展图制作，具体操作如下。

操作步骤 >>

01 打开 Photoshop 软件，执行菜单栏中的"文件"→"打开"命令，打开本书配备的"素材 \ 第 4 章 \ 户外 1.jpg、户外 2.jpg、户外 3.jpg 和模特 .jpg"素材文件，如图 4-61 所示。

图 4-61　素材文件

02 新建一个"宽度"为 520 像素、"高度"为 280 像素的空白文档，使用 ▶♦（移动工具）将"户外 3"素材拖曳到新建文档中，效果如图 4-62 所示。

图 4-62　新建文档并移入素材

03 将"户外 1"拖曳到"钻展图"文档中，执行菜单栏中的"滤镜"→"转换为智能滤镜"命令，设置"混合模式"为"滤色"、"不透明度"为 80%，如图 4-63 所示。

图 4-63　移入素材并转换为智能滤镜

④ 执行菜单栏中的"滤镜"→"模糊"→"动感模糊"命令,打开"动感模糊"对话框,设置"角度"为 0、"距离"为 154 像素,如图 4-64 所示。

图 4-64　"动感模糊"对话框

⑤ 设置完毕单击"确定"按钮,效果如图 4-65 所示。

图 4-65　模糊后的效果

⑥ 将"户外 2"拖曳到"钻展图"文档中,设置"混合模式"为"颜色加深"、"不透明度"为 62%,效果如图 4-66 所示。

图 4-66 移入素材并设置混合模式

07 背景制作完毕后,选择"模特"素材,使用 ▱(钢笔工具)沿人物创建封闭路径,如图 4-67 所示。

图 4-67 创建路径

08 按 Ctrl+Enter 组合键将路径转换为选区,使用 ▸₊(移动工具)将选区内的图像拖曳到"钻展图"文档中,如图 4-68 所示。

图 4-68 移动素材

09 使用 T(横排文字工具)输入文本"风雨无阻",如图 4-69 所示。

图 4-69 输入文字

❿ 执行菜单栏中的"图层"→"图层样式"→"描边"命令，打开描边设置界面，其中的参数值设置如图4-70所示。

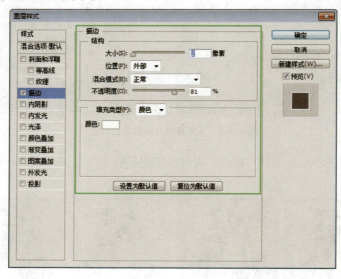

图4-70 "描边"对话框

⓫ 设置完毕单击"确定"按钮，效果如图4-71所示。

图4-71 描边后效果

⓬ 按住Ctrl键单击文字图层的缩览图，调出文字选区，新建一个图层将选区填充为"淡青色"，设置"不透明度"为80%，效果如图4-72所示。

图4-72 调出选区填充颜色

⑬ 按 Ctrl+D 组合键去掉选区，使用 （钢笔工具）创建路径，按 Ctrl+Enter 组合键将路径转换为选区，按 Delete 键去掉选区内容，效果如图 4-73 所示。

图 4-73　删除

⑭ 按 Ctrl+D 组合键去掉选区，使用 （横排文字工具）输入文字，为文字添加"白色"描边，效果如图 4-74 所示。

图 4-74　输入文字并添加描边

⑮ 选择 （铅笔工具），按 F5 键打开"画笔"面板，其中的参数值设置如图 4-75 所示。

⑯ 新建一个图层，使用 （铅笔工具）在文字下方按住 Shift 键，绘制一个虚线线段，为虚线添加一个描边，效果如图 4-76 所示。

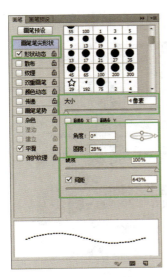

图 4-75　设置画笔　　　　　　　　　　图 4-76　绘制虚线

⑰ 使用 T（横排文字工具）输入文字，效果如图 4-77 所示。

图 4-77　输入文字

⑱ 绘制矩形色块，在黑色色块上输入白色文字，至此本例制作完毕，效果如图 4-78 所示。

图 4-78　最终效果

对于不同产品可以设计出不同风格的钻展图片，如图 4-79 所示的图像为各种钻展图。

图 4-79　钻展图

4.3.3 钻展图片右侧小图的设计与制作

钻展小图在淘宝首页一屏中仍然会起到非常重要的视觉作用，本小节以女包作为钻展小图的素材，具体操作如下。

操作步骤

01 打开 Photoshop 软件，执行菜单栏中的"文件"→"打开"命令，打开本书配备的"素材 \ 第 4 章 \ 包 .jpg"素材文件，如图 4-80 所示。

02 新建一个"宽度"为 200 像素、"高度"为 250 像素的空白文档，使用 （移动工具）将"包"素材拖曳到新建文档中，效果如图 4-81 所示。

03 使用 T （横排文字工具）输入文本"与众不同"，如图 4-82 所示。

图 4-80　素材文件　　　　图 4-81　新建文档并移入素材　　　　图 4-82　输入文字

04 新建一个图层，使用 （直线工具）绘制黑色直线，如图 4-83 所示。

图 4-83　绘制直线

05 将文字图层与绘制的直线图层一同选取，按 Ctrl+E 组合键将其合并为一个图层，如图 4-84 所示。

06 按住 Ctrl 键单击"图层 2"图层的缩览图，调出选区，新建一个图层，执行菜单栏中的"编辑"→"描边"命令，打开"描边"对话框，其中的参数值设置如图 4-85 所示。

图 4-84　合并图层　　　　　　　　图 4-85　"描边"对话框

⑦ 设置完毕单击"确定"按钮，按 Ctrl+D 组合键去掉选区，设置"不透明度"为 50%，效果如图 4-86 所示。

图 4-86　描边后

⑧ 在文字下方使用 ▭（矩形工具）绘制一个黑色矩形，在上面输入白色文字，再输入一行黑色文字，效果如图 4-87 所示。

图 4-87　输入文字

⑨ 在文字区域的下方使用 ⬭（椭圆工具）绘制一个黑色正圆，在上面输入白色文字和红色文字。至此，本例制作完毕，效果如图 4-88 所示。

图 4-88 最终效果

❿ 其他大小尺寸的优秀钻展图,效果如图 4-89 所示。

图 4-89 钻展图

第 5 章

提升转化率的主页装修图的设计

本章重点
- 店招的设计
- 首屏广告图的设计
- 轮播图的设计
- 自定义区域图像的设计

本章主要为大家介绍网店首页可设计元素的组成部分制作，其中包店招、首屏广告、轮播图、自定义区域图片设计等。一个功能完善的淘宝店铺通常都是由上面各个板块组成的，每个板块在店面中都具有自己的作用与特点。

在制作各个区域图像的时候，首先应该了解各个区域在网店中的尺寸，如图 5-1 所示。

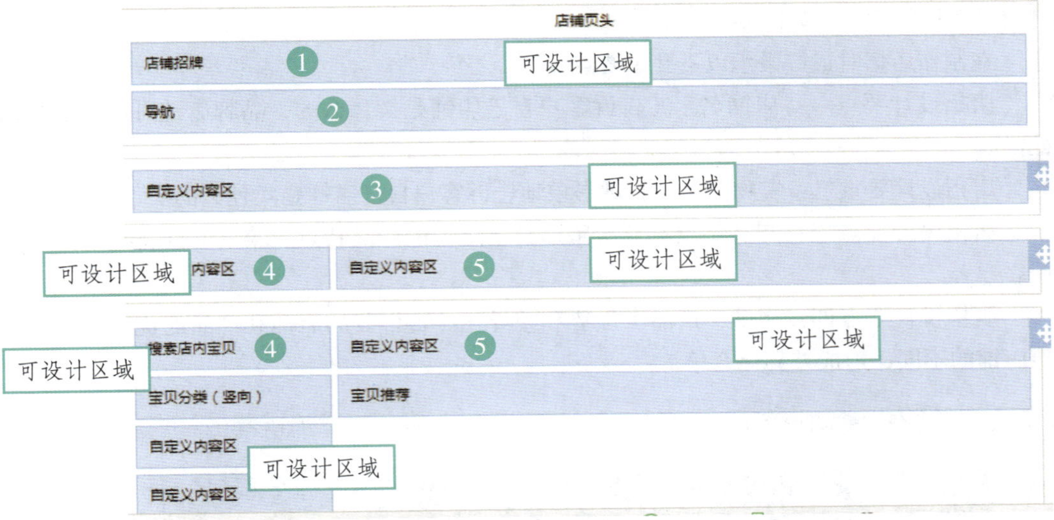

图 5-1　店铺中各个区域的尺寸

其中的各个尺寸如下。

☆　店铺店招：950 像素 ×120 像素。

☆　导航：950 像素 ×30 像素。

☆　自定义内容区：此处可以放置首屏广告图和轮播图。其中，标准广告图为 950 像素 × 随意高度、全屏首屏广告图为 1920 像素 × 随意高度、标准轮播图为 950 像素 ×（100 ~ 600 像素）、全屏轮播图为 1920 像素 ×（100 ~ 600 像素）。

☆　自定义内容区：宽度为 190 像素、高度除轮播图（100 ~ 600 像素）外随意。

☆　自定义内容区：宽度为 750 像素、高度除轮播图（100 ~ 600 像素）外随意。

5.1　店招的设计

一个好的店招会在顾客进入店铺时给他留下深刻的印象，让买家进入店铺时在店招区域就知道这个店是卖什么的，这就是店招在店铺中的作用，在设计店招时尺寸是必须要最先考虑的因素；否则，做好的店招不能够进行上传。

5.1.1　店招设计的原则

店招要直观、明确地告诉客户自己店铺是卖什么的，表现形式最好是实物照片和文字介绍，但是文字在店招中不能太多，如果太多会显得比较乱，店招要直观、明确地告诉客户自己店铺的卖点，如图 5-2 所示。

在制作店招时最好秉承以下几个要点。

店招设计要点一：店铺名字（告诉客户自己店铺是卖什么的，品牌店铺可以标榜自己的品牌）。

店招设计要点二：实物照片（直观形象地告诉客户自己店铺是卖什么的）。

店招设计要点三：产品特点（直接阐述自己店铺的产品特点，第一时间打动客户、吸引客户）。

店招设计要点四：店铺（产品）优势和差异化（告诉我的店铺和产品的优势以及和其他店铺的不同，形成差异化竞争）。

图 5-2 店标

5.1.2 店招的设计与制作

店招的具体制作思路已经明确，本节以"乐乐户外"作为店招的制作目标，首先要明确标准店招的尺寸为 950 像素 × 120 像素。由于是制作户外商品，这里以冷色调作为主色调，具体制作过程如下。

操作步骤 >>

01 打开 Photoshop 软件，执行菜单栏中的"文件"→"新建"命令，打开"新建"对话框，其中的参数值设置如图 5-3 所示。

图 5-3 "新建"对话框

⓶ 设置完毕单击"确定"按钮,系统会新建一个空白文档,新建一个图层,使用 (矩形选框工具)绘制一个矩形选区,将前景色设置为"青色"、背景色设置为"白色",使用 (渐变工具)从上向下拖曳鼠标填充从前景色到背景色的线性渐变,如图5-4所示。

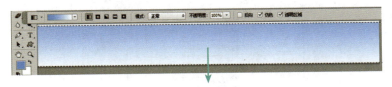

图 5-4 新建文档并填充渐变色

⓷ 按 Ctrl+D 组合键去掉选区,在两端绘制两个小矩形选区,按 Delete 键删除选区内容,如图 5-5 所示。

图 5-5 绘制选区删除内容

⓸ 按 Ctrl+D 组合键去掉选区,执行菜单栏中的"图层"→"图层样式"→"投影"命令,打开"投影"对话框,其中的参数值设置如图 5-6 所示。

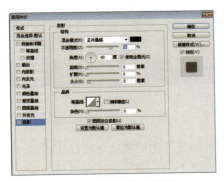

图 5-6 "投影"对话框

⓹ 设置完毕单击"确定"按钮,效果如图 5-7 所示。

图 5-7 添加投影

⓺ 新建一个图层,使用 (圆角矩形工具)在左侧断开的区域绘制青色圆角矩形,如图 5-8 所示。

图 5-8 绘制圆角矩形

⓻ 执行菜单栏中的"图层"→"图层样式"→"投影"命令，打开"投影"对话框，其中的参数值设置如图 5-9 所示。

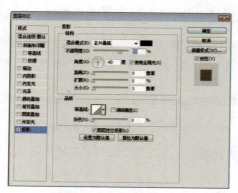

图 5-9 "投影"对话框

⓼ 设置完毕单击"确定"按钮，效果如图 5-10 所示。

图 5-10 添加投影

⓽ 新建图层，使用 ◯（椭圆工具）和 ▢（圆角矩形工具），在圆角矩形上绘制正圆和圆角矩形，如图 5-11 所示。

图 5-11 绘制圆角矩形

⓾ 执行菜单栏中的"图层"→"图层样式"→"投影"命令，打开"投影"对话框，其中的参数值设置如图 5-12 所示。

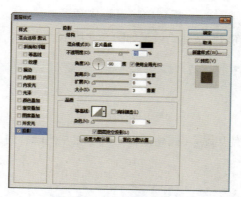

图 5-12 "投影"对话框

⑪ 设置完毕单击"确定"按钮，按住 Alt 键拖曳对象，复制另外 3 个，效果如图 5-13 所示。

第 5 章　提升转化率的主页装修图的设计　143

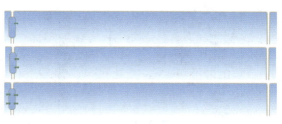

图 5-13　添加投影复制对象

⑫ 使用同样的方法制作右侧的图形，效果如图 5-14 所示。

图 5-14　右侧图形

⑬ 执行菜单栏中的"文件"→"打开"命令，打开本书配备的"素材\第 5 章\星空"素材，如图 5-15 所示。

图 5-15　素材

⑭ 使用 ▶︎✢（移动工具）将"星空"素材中的图像拖曳到"乐乐户外"文档中，设置"混合模式"为"叠加"，如图 5-16 所示。

图 5-16　移入图像

⑮ 使用 T.（横排文字工具）输入文本"乐乐户外"，如图 5-17 所示。

图 5-17　输入文字

⑯ 执行菜单栏中的"图层"→"图层样式"→"描边"命令，打开"描边"对话框，其中的参数值设置如图 5-18 所示。

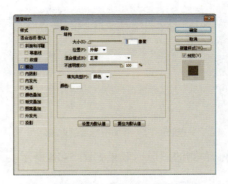

图 5-18 "描边"对话框

⓱ 设置完毕单击"确定"按钮,效果如图 5-19 所示。

图 5-19 文字描边

⓲ 复制文本,得到一个副本图层,执行菜单栏中的"编辑"→"变换"→"垂直翻转"命令,将副本进行翻转,效果如图 5-20 所示。

图 5-20 翻转副本

⓳ 将副本向下移动,单击 ▇ (添加图层蒙版)按钮,为图层添加一个蒙版,使用 ▇ (渐变工具)从上向下拖曳鼠标,填充从白色到黑色的线性渐变,效果如图 5-21 所示。

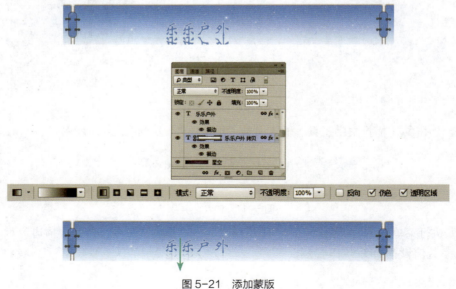

图 5-21 添加蒙版

⓴ 使用同样的方法制作另外几个文本,效果如图 5-22 所示。

第 5 章　提升转化率的主页装修图的设计　　145

图 5-22　文本

㉑ 新建一个图层，使用 ▱（画笔工具）在画笔拾色器中选择一个笔触，在文字上绘制白色画笔笔触，效果如图 5-23 所示。

图 5-23　绘制画笔

㉒ 新建一个图层，使用 ▱（圆角矩形工具）绘制青色圆角矩形，在上面输入白色文字，效果如图 5-24 所示。

图 5-24　绘制圆角矩形并输入文字

㉓ 新建一个图层，使用 ▱（自定义形状工具）在"拾色器"中选择"封印"后，在店招右侧绘制白色形状，在上面输入青色文字，效果如图 5-25 所示。

图 5-25　绘制形状输入文字

㉔ 执行菜单栏中的"文件"→"打开"命令，打开本书配备的"素材\第 5 章\帐篷 .jpg"素材文件，如图 5-26 所示。

图 5-26　素材文件

㉕ 使用 ▶✢（移动工具）将"星空"素材中的图像拖曳到"乐乐户外"文档中，设置"混合模式"为"变暗"。至此，本例制作完毕，效果如图 5-27 所示。

图 5-27　最终效果

5.2　首屏广告图的设计

首屏广告图在网店中的目的就是为了吸引买家的眼球，由于处在网店的第一屏位置，进入网店后会第一眼看到店招、导航和首屏广告，电脑屏幕的高度是有限的，这里为了让买家能够看全整个广告图，必须要将高度进行控制，将其与店招和导航能一同出现在一屏内，广告又分为全屏和标准通栏两种，如图 5-28 所示。

图 5-28　广告

5.2.1 全屏广告图的设计与制作

全屏广告图通常会被放置到第一屏中,设计全屏广告图时要考虑首屏的高度,所以这里将"宽度"设置为 1920 像素、"高度"设置为 550 像素。本小节以户外冲锋衣作为设计目标,具体操作如下。

操作步骤>>

01 新建一个"宽度"为 1920 像素、"高度"为 550 像素的空白文档,使用 ▇(渐变工具)从上向下拖曳鼠标填充从(R:8 G:70 B:121)到(R:44 G:142 B:206)的线性渐变,如图 5-29 所示。

图 5-29 新建文档并填充渐变

02 执行菜单栏中的"文件"→"打开"命令,打开本书配备的"素材\第 5 章\星空 2.jpg"素材文件,如图 5-30 所示。

图 5-30 素材文件

03 将"星空 2"拖曳到"全屏广告"文档中,设置"混合模式"为"滤色""不透明度"为 100%,如图 5-31 所示。

图 5-31 移入素材并设置混合模式

04 选择 ▇(多边形工具),在属性中设置"边"为 4,在"选项"下拉列表中勾选"星形"复选框,设置"缩进边依据"为 80%,如图 5-32 所示。

05 使用 ▇(多边形工具)在不同位置绘制白色 4 角星形,效果如图 5-33 所示。

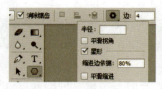 

图 5-32　设置星形　　　　　　　　　　图 5-33　绘制星形

06 执行菜单栏中的"滤镜"→"模糊"→"高斯模糊"命令,打开"高斯模糊"对话框,其中的参数值设置如图 5-34 所示。设置模糊的目的是为了让星星看起来更加柔和。

07 设置完毕单击"确定"按钮,效果如图 5-35 所示。

图 5-34　"高斯模糊"对话框　　　　　　图 5-35　模糊后

08 执行菜单栏中的"文件"→"打开"命令,打开随书附带光盘中"素材\第 5 章\影.jpg"素材文件,如图 5-36 所示。

09 将"影"拖曳到"全屏广告"文档中,复制两个图层,让图像看起来更加真实一些,如图 5-37 所示。

图 5-36　素材文件

图 5-37　移入素材

10 执行菜单栏中的"文件"→"打开"命令,打开本书配备的"素材\第 5 章\月亮"素材,如图 5-38 所示。

11 将"月亮"素材中的图像拖曳到"全屏广告"文档中,按 Ctrl+T 组合键调出变换框,拖动控制点调整月亮的大小并移动位置,效果如图 5-39 所示。

图 5-38　月亮素材　　　　　　　　　　图 5-39　移入素材

⑫ 按回车键完成变换。按住 Ctrl 键单击月亮所在图层的缩略图,调出月亮的选区,新建一个图层将选区填充为"白色",效果如图 5-40 所示。

图 5-40　调出选区填充颜色

⑬ 按住 Ctrl+D 组合键去掉选区,执行菜单栏中的"滤镜"→"模糊"→"高斯模糊"命令,打开"高斯模糊"对话框,其中的参数值设置如图 5-41 所示。

⑭ 设置完毕单击"确定"按钮,设置"混合模式"为"实色混合"、"不透明度"为 67%,效果如图 5-42 所示。

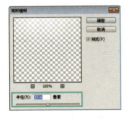  

图 5-41　"高斯模糊"对话框　　　　图 5-42　模糊后设置混合模式

⑮ 执行菜单栏中的"文件"→"打开"命令,打开本书配备的"素材\第 5 章\冲锋衣 01.jpg"素材文件,使用 在白色背景上单击,去掉图像的背景,如图 5-43 所示。

⑯ 将"冲锋衣 01.jpg"素材文件中的图像拖曳到"全屏广告"中,按 Ctrl+T 组合键调出变换框,拖动控制点将衣服调整为合适大小,效果如图 5-44 所示。

图 5-43　打开素材并去掉背景　　　　图 5-44　变换

⑰ 单击右键,在弹出的快捷菜单中选择"水平翻转"命令,效果如图 5-45 所示。

⑱ 按回车键完成变换,复制一个冲锋衣副本层,执行菜单栏中的"编辑"→"变换"→"垂直翻转"命令,将副本进行垂直翻转,翻转后将其移动到衣服的下部,在"图层"面板中将副本层放置到原图层的下面,效果如图 5-46 所示。

⑲ 单击"添加图层蒙版"按钮 ,为副本层添加一个蒙版,使用 从上向下填充从白色到黑色的线性渐变,效果如图 5-47 所示。

⑳ 新建一个图层,使用 选择"画笔拾色器"中的云彩画笔,在衣服

处绘制云彩，目的是使衣服看起来更加大一些，效果如图 5-48 所示。

图 5-45　水平翻转　　　　　　　　图 5-46　复制副本垂直翻转

图 5-47　编辑蒙版

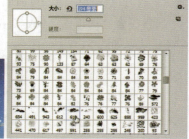

图 5-48　绘制云彩

㉑ 执行菜单栏中的"文件"→"打开"命令，打开本书配备的"素材\第 5 章\直升机 1.jpg、直升机 2.jpg 和热气球 .png"素材文件，如图 5-49 所示。

图 5-49　素材文件

㉒ 使用 在白色背景上单击，去掉图像的背景，再分别将素材移动到"全屏广告"文档中，效果如图 5-50 所示。

图 5-50　移入素材

㉓ 执行菜单栏中的"文件"→"打开"命令，打开本书配备的"素材\第 5 章\人物 01.jpg"素材文件，如图 5-51 所示。

图 5-51　素材

㉔ 使用 在"属性栏"中勾选"磁性的"复选框，之后在人物边缘单击，沿人物移动鼠标，系统自动创建路径，如图 5-52 所示。

图 5-52　素材

㉕ 按 Enter 键将路径转换为选区，使用 将选区内的图像拖曳到"全屏广告"文档中，在图像没有清除背景的位置创建选区，按 Delete 键去掉选区内容，效果如图 5-53 所示。

图 5-53　移入素材

㉖ 按 Ctrl+D 组合键去掉选区，按 Ctrl+T 组合键调出变换框，拖动控制点将人物缩小，效果如图 5-54 所示。

图 5-54　变换

㉗ 按 Enter 键完成变换，复制一个冲锋衣副本层，执行菜单栏中的"编辑"→"变换"→"垂直翻转"命令，将副本进行垂直翻转，翻转后将其移动到衣服的下部，在"图层"面板中将副本层放置到人物层的下面，单击"添加图层蒙版"按钮 ![](，为副本层添加一个蒙版，使用 从上向下填充从白色到黑色的线性渐变，效果如图 5-55 所示。

图 5-55　编辑蒙版

㉘ 使用 T.（横排文字工具）输入文本 NEW，如图 5-56 所示。

㉙ 执行菜单栏中的"图层"→"栅格化"→"文字"命令，将文本图层转换为普通图层，在文字中间绘制一个矩形选区，按 Delete 键清除选区内容，效果如图 5-57 所示。

㉚ 按 Ctrl+D 组合键去掉选区，使用 （减淡工具）在文字图像上涂抹，效果如图 5-58 所示。

图 5-56　输入文字

图 5-57　清除选区

图 5-58　减淡工具

㉛ 使用 T.（横排文字工具）输入其他文本，效果如图 5-59 所示。

㉜ 选择 （铅笔工具），按 F5 键打开"画笔"面板，其中的参数值设置如图 5-60 所示。

㉝ 新建一个图层，使用 （铅笔工具）在文字下方按住 Shift 键，绘制两条白色虚线线段，至此，本例制作完毕，效果如图 5-61 所示。

图 5-60　设置画笔

图 5-59　键入文字

图 5-61　全屏广告

5.2.2 标准通栏广告图的设计与制作

为了在第一屏能够看全广告图,必须将"宽度"设置为950像素、"高度"设置为550像素。本小节以户外冲锋衣作为设计目标,具体操作如下。

操作步骤

01 打开之前制作的"全屏广告",执行菜单栏中的"图层"→"拼合图像"命令,将所有图层合并,新建一个图层,如图5-62所示。

02 选择 ▭（矩形选框工具）后,在"属性"栏中设置"样式"为"固定大小"、"宽度"设置为950像素,"高度"设置为550像素,如图5-63所示。

图5-62　合并图层并新建图层

图5-63　设置属性

03 使用 ▭（矩形选框工具）在页面中单击,创建一个固定大小的选区,如图5-64所示。

04 将选区填充任意一种颜色,按Ctrl+D组合键去掉选区,将两个图层一同选取,选择 ▸（移动工具）后,单击属性栏中的"水平居中对齐"按钮 ,效果如图5-65所示。

05 按住Ctrl键单击"图层1"图层的缩览图,调出选区,隐藏"图层1"图层,如图5-66所示。

图5-64　创建选区

图5-65　居中对齐

图5-66　调出选区

06 执行菜单栏中的"图像"→"裁剪"命令,将图像按选区大小进行裁剪。至此,本例制作完毕,效果如图 5-67 所示。

图 5-67　最终效果

5.3　轮播图的设计与制作

　　轮播图在网店中可以通过多张图片进行转换轮播,起到聚焦的作用。由于轮播图多为两张以上的图片组成,在视觉上可以让买家在同一视觉区看到不同的效果,能够更加吸引顾客的目光。轮播图在网店中可以分为全屏轮播图、标准通栏轮播图和自定义区域内的 750 轮播图、190 轮播图 4 种,这里结合之前制作的全屏广告和标准通栏广告,再制作一个全屏广告大小的图片和一个标准通栏广告大小的图片,以此作为轮播图设计样例,如图 5-68 所示。

图 5-68　轮播图广告效果

5.3.1 全屏轮播图的图像设计与制作

全屏轮播图通常会被放置到导航下面的第一屏中,由于轮播图的宽度限制在 100~600 像素之间,这里要考虑的只有两点,一是设计全屏轮播图时要考虑首屏的高度,二是要考虑与之匹配的广告图的高度。所以,这里将"宽度"设置为 1920 像素、"高度"设置为 550 像素,本节以户外登山鞋作为设计目标,具体操作如下。

操作步骤 >> >

01 新建一个"宽度"为 1920 像素、"高度"为 550 像素、"分辨率"为 72 像素/英寸,命名为"全屏轮播图"的空白文档。

02 执行菜单栏中的"文件"→"打开"命令,打开本书配备的"素材\第 5 章\天空背景 .jpg"素材文件,如图 5-69 所示。

03 将"天空背景"素材中的图像拖曳到"全屏轮播图"文档中,按 Ctrl+T 组合键将其调整到与背景大小相一致,按 Enter 键完成变换,效果如图 5-70 所示。

图 5-69 素材文件

图 5-70 移入素材并调整大小

04 执行菜单栏中的"文件"→"打开"命令(或按 Ctrl+O 组合键),打开本书配备的"素材文件\第 27 章\岛 .jpg"素材文件,如图 5-71 所示。

05 使用 (移动工具)将"岛"素材中的图像拖曳到"全屏轮播图"文档中,按 Ctrl+T 组合键调出自由变换框,拖动控制点将图像缩小,效果如图 5-72 所示。

图 5-71 素材文件

图 5-72 变换

06 按 Enter 键完成变换,使用 (魔术棒工具)在白色区域单击创建选区,如图 5-73 所示。

07 按住 Alt 键单击"添加图层蒙版"按钮 ,将选区部分以黑色蒙版进行遮罩,效果如图 5-74 所示。

图 5-73　创建选区

图 5-74　添加蒙版

⑧ 使用 （画笔工具）将前景色设置为"黑色"，在岛下面的阴影处进行涂抹，如图 5-75 所示。

图 5-75　编辑蒙版

⑨ 复制"岛"素材所在的图层，得到副本图层，按 Ctrl+T 组合键调出自由变换框，拖动控制点将图像放大，如图 5-76 所示。

⑩ 按 Enter 键确定，选择蒙版缩略图，将蒙版填充为"黑色"，如图 5-77 所示。

图 5-76　编辑

图 5-77　填充蒙版

⓫ 选择 ■（画笔工具）后按 F5 键打开"画笔"面板，设置画笔的笔触，其中的参数值设置如图 5-78 所示。

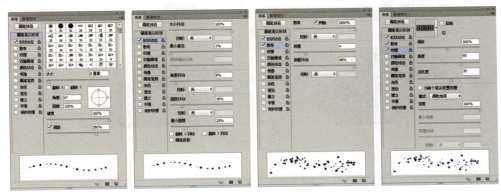

图 5-78　编辑画笔

⓬ 将前景色设置为"白色"，使用 ■（画笔工具）随时调整画笔大小，在蒙版中进行绘制涂抹，效果如图 5-79 所示。

⓭ 将"岛"图层和"岛拷贝"图层向下移动，效果如图 5-80 所示。

图 5-79　编辑蒙版

图 5-80　移动

⓮ 执行菜单栏中的"文件"→"打开"命令，打开本书配备的"素材\第 5 章\登山鞋 .jpg"素材文件，使用 ■（魔术橡皮擦工具）在白色背景上单击，去掉图像的背景，如图 5-81 所示。

图 5-81　打开素材并去掉背景

⑮ 将"登山鞋"素材中的图像拖曳到"全屏广告"中,按 Ctrl+T 组合键调出自由变换框,拖动控制点将鞋子调整为合适大小并旋转,效果如图 5-82 所示。

图 5-82　变换

⑯ 按 Enter 键完成变换,在鞋子所在图层的下方新建一个图层,绘制一个椭圆选区,将其填充为"黑色",效果如图 5-83 所示。

⑰ 按 Ctrl+D 组合键去掉选区,执行菜单栏中的"滤镜"→"模糊"→"高斯模糊"命令,打开"高斯模糊"对话框,其中的参数值设置如图 5-84 所示。

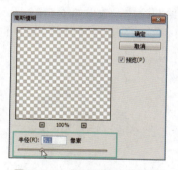

图 5-83　绘制选区填充黑色　　　　　图 5-84　"高斯模糊"对话框

⑱ 设置完毕单击"确定"按钮,设置"不透明度"为 79%,效果如图 5-85 所示。

⑲ 新建一个图层,使用 ✎（钢笔工具）创建一个曲线路径,如图 5-86 所示。

图 5-85　模糊后

图 5-86　绘制曲线路径

第 5 章 提升转化率的主页装修图的设计　　159

⑳ 在工具箱中选择 ✎（画笔工具）后，按 F5 键打开"画笔"面板，分别设置画笔的各项功能，效果如图 5-87 所示。

图 5-87　设置画笔

㉑ 在"路径"面板的弹出菜单中选择"描边路径"命令，打开"描边路径"对话框，选择 ✎（画笔工具），勾选"模拟压力"复选框，如图 5-88 所示。

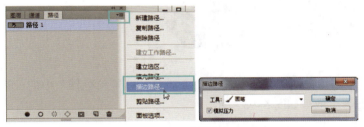

图 5-88　选择描边

㉒ 单击"确定"按钮，为路径进行画笔描边，如图 5-89 所示。

㉓ 在"路径"面板空白处单击隐藏路径，回到"图层"面板，单击"添加图层蒙版"按钮 ◻，添加一个空白蒙版，将前景色设置为"黑色"，使用 ✎（画笔工具）编辑蒙版，效果如图 5-90 所示。

图 5-89　描边后

图 5-90　编辑蒙版

㉔ 执行菜单栏中的"文件"→"打开"命令，打开本书配备的"素材\第5章\鸽子.png、热气球.png、热气球01.png和人物男.png"素材文件，如图5-91所示。

图5-91　素材文件

㉕ 分别将"鸽子""热气球""人物男"素材拖曳到"全屏轮播图"文档中，调整大小并移动到合适位置，如图5-92所示。

图5-92　移入素材

㉖ 新建一个图层，使用 （画笔工具）选择"画笔拾色器"中的云彩画笔，在图像中合适处绘制云彩，效果如图5-93所示。

图5-93　绘制云彩

㉗ 用制作鞋子阴影同样的方法制作人物脚底的阴影，效果如图5-94所示。

㉘ 绘制一个绿色正圆，效果如图5-95所示。

图5-94　脚底阴影

图5-95　绘制正圆

㉙ 选择 ![](铅笔工具），按 F5 键打开"画笔"面板，其中的参数值设置如图 5-96 所示。

㉚ 新建一个图层，使用 ![](铅笔工具）按住 Shift 键绘制两条黑色线段，效果如图 5-97 所示。

㉛ 使用 ![](横排文字工具）输入文本，调整文字字体和文字大小及文字颜色。至此本例制作完毕，效果如图 5-98 所示。

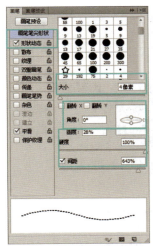

图 5-97 绘制画笔

图 5-96 设置画笔　　　　　　　　　　　图 5-98 最终效果

5.3.2 标准通栏轮播图的设计与制作

标准通栏轮播图，必须将"宽度"设置为 950 像素、"高度"设置为 550 像素。本小节以户外登山鞋作为设计目标，具体操作如下。

操作步骤

① 打开之前制作的"全屏轮播图"，选择 ![](裁剪工具），在属性栏中设置"宽""高""分辨率"，设置"宽度"为 950 像素、"高度"为 550 像素、"分辨率"为 72 像素/英寸，如图 5-99 所示。

图 5-99 设置裁剪工具

02 使用 在图像中拖曳出裁剪框，如图 5-100 所示。

03 按回车键完成裁剪，将其进行储存。至此，本例制作完毕，效果如图 5-101 所示。

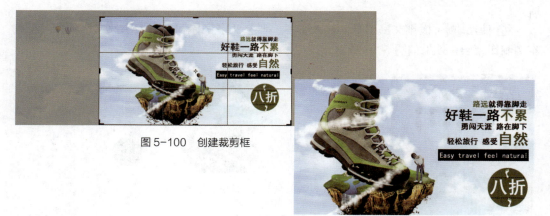

图 5-100　创建裁剪框

图 5-101　最终效果

5.4　自定义区域图像的设计与制作

除了通栏的自定义区域以外，淘宝网店还将通栏分为两个部分的自定义区域，宽度分别为 190 像素和 750 像素，此处可以插入设计的广告图片或者是设计好布局的陈列区内容，设置此处的目的同样也是为了给店内的宝贝进行一下广告宣传，如图 5-102 所示。

图 5-102　自定义区域图像

5.4.1 750 像素广告图的设计与制作

以户外商品店铺作为装修对象，下面就为大家讲解一下 950 像素水平分成两块时 750 像素广告的制作方法，如果想制作该区域广告，就得将宽度限制在 750 像素，高度无限制。具体操作如下。

操作步骤 ➔➔

01 启动 Photoshop，新建一个"宽度"为 750 像素、"高度"为 400 像素的空白文档，将前景色设置为"淡青色"、背景色设置为"深青色"，使用 ■（渐变工具）在文档中间向外拖动填充"从前景色到背景色"的"径向渐变"，此时背景如图 5-103 所示。

图 5-103 渐变背景

02 复制背景图层，按 Ctrl+T 组合键调出自由变换框，拖动控制点将背景副本层图像变矮，效果如图 5-104 所示。

03 按 Enter 键完成变换，新建一个图层，使用 ✎（画笔工具）按住 Shift 键绘制一条白色线条，如图 5-105 所示。

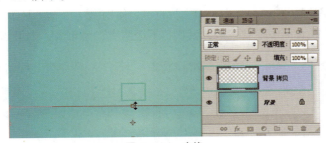

图 5-104 变换

图 5-105 绘制白色线条

04 执行菜单栏中的"滤镜"→"模糊"→"高斯模糊"命令,打开"高斯模糊"对话框,其中的参数值设置如图 5-106 所示。

图 5-106 "高斯模糊"对话框

05 设置完毕单击"确定"按钮,在线条中间往下的位置绘制一个矩形选区,按 Delete 键删除选区内容,如图 5-107 所示。

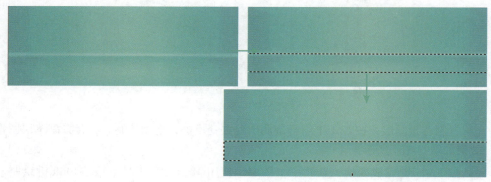

图 5-107 删除选区

06 新建一个图层,按 Ctrl+D 组合键去掉选区,使用 ✎(画笔工具)选择"气泡"笔触,调整不同大小后,在页面中绘制气泡,设置"不透明度"为 48%,效果如图 5-108 所示。

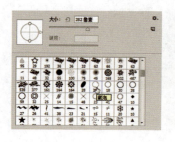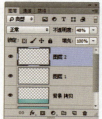

图 5-108 绘制气泡

07 执行菜单栏中的"文件"→"打开"命令,打开本书配备的"素材\第 5 章\冲锋裤.jpg"素材文件,使用 ✎(魔术橡皮擦工具)在白色背景上单击,去掉图像的背景,效果如图 5-109 所示。

08 单独框选两个图像,将其移入到"750 广告"中,如图 5-110 所示。

图 5-109　素材　　　　　　　　　图 5-110　移入素材

09 选择左面的图像所在的图层，执行菜单栏中的"图层"→"图层样式"→"投影"命令，打开"投影"对话框，其中的参数值设置如图 5-111 所示。

10 设置完毕单击"确定"按钮，效果如图 5-112 所示。

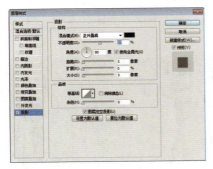

图 5-111　"投影"对话框　　　　　图 5-112　添加投影

11 执行菜单栏中的"图层"→"图层样式"→"创建图层"命令，将图层中的投影单独变为一个图层，如图 5-113 所示。

12 选择投影图层，使用 （橡皮擦工具）擦除鞋子以上的部分，如图 5-114 所示。

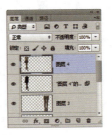

图 5-113　创建图层

图 5-114　擦除图像

⑬ 使用同样的方法制作另一个阴影，效果如图 5-115 所示。

图 5-115　阴影

⑭ 使用 ╱（直线工具）在页面绘制粗细不同的线条，效果如图 5-116 所示。

⑮ 使用 ○（椭圆工具）在页面中水平线条边上绘制正圆图形，效果如图 5-117 所示。

⑯ 使用 T（横排文字工具）输入不同的文本，为文本设置字体、大小、颜色，效果如图 5-118 所示。

图 5-116　绘制线条　　　　　　　　　　图 5-117　绘制正圆

图 5-118　输入文本

⑰ 选择"最适版型"和"动美相接"，执行菜单栏中的"图层"→"图层样式"→"内阴影和外发光"命令，分别打开"内阴影"和"外发光"对话框，其中的参数值设置如图 5-119 所示。

⑱ 新建图层，使用 □（矩形工具）和 ✿（自定义形状工具）绘制矩形和箭头，效果如图 5-120 所示。

第 5 章　提升转化率的主页装修图的设计

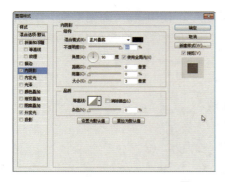 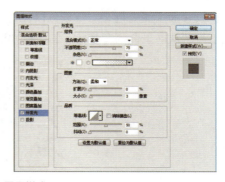

图 5-119　图层样式

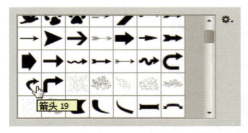 

图 5-120　绘制形状

⑲ 使用 T（横排文字工具）输入文字。至此，本例制作完毕，效果如图 5-121 所示。

图 5-121　最终效果

5.4.2　190 像素广告图的设计与制作

　　以户外商品店铺作为装修对象，下面就为大家讲解一下 950 像素水平分成两块时 190 像素广告的制作方法，如果想制作该区域广告，就得将宽度限制在 190 像素，高度无限制。具体操作如下。

操作步骤

01 启动 Photoshop 软件，新建一个"宽度"为 190 像素、"高度"为 400 像素的空白文档，将前景色设置为"淡青色"、背景色设置为"白色",使用 ▇(渐变工具)在文档上端向下拖曳填充"从前景色到背景色"的"线性渐变",此时背景如图5-122所示。

图5-122 渐变背景

❷ 新建一个图层,使用 ✐(画笔工具)选择"烟雾"笔触,调整不同大小后,在页面中绘制白色烟雾,设置"混合模式"为"叠加",效果如图5-123所示。

图5-123 绘制烟雾

❸ 执行菜单栏中的"文件"→"打开"命令,打开本书配备的"素材\第5章\羽绒服.jpg和羽绒服包装.png"素材文件,使用 ▇(魔术橡皮擦工具)在白色背景上单击,去掉图像的背景,效果如图5-124所示。

图5-124 打开素材并去掉背景

04 使用 ![移动工具]（移动工具）将"羽绒服、羽绒服包装"素材中的图像拖曳到"190 广告"文档中，按 Ctrl+T 组合键调出自由变换框，拖动控制点将图像缩小，效果如图 5-125 所示。

05 选择图层 3，执行菜单栏中的"图像"→"调整"→"色相/饱和度"命令，打开"色相/饱和度"对话框，其中的参数值设置如图 5-126 所示。

06 设置完毕单击"确定"按钮，效果如图 5-127 所示。

 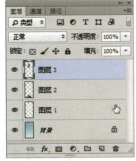  

图 5-125　移入素材　　　　　图 5-126　"色相/饱和度"对话框　　　　　图 5-127　调整后

07 新建图层，使用 （椭圆工具）在页面中绘制两个白色正圆，效果如图 5-128 所示。

08 使用 （横排文字工具）输入文字，效果如图 5-129 所示。

09 选择打折文字，执行菜单栏中的"图层"→"图层样式"→"投影"命令，展开"投影"面板，其中的参数值设置如图 5-130 所示。

10 设置完毕单击"确定"按钮。至此，本例制作完毕，效果如图 5-131 所示。

图 5-128　绘制正圆　图 5-129　输入文字　　　图 5-130　"投影"面板　　　图 5-131　最终效果

5.4.3　图像陈列的设计与制作

在设计淘宝店铺的首页各个元素时，除了店招、广告图以外，大多数的店铺都会在首页添加一个图像陈列区域，陈列区可以放在第二屏或第三屏中，宽度可以是标准通栏的 950 像素，也可以在水平分开区域中的 750 像素中进行摆放，图 5-132 所示的图像为存在商品陈列区的店铺。

　　商品照片的布局可以直接影响店铺的美观，也可以定义店铺的风格，许多店铺都是使用陈列图来吸引买家目光的，在具体的装修过程中使用的陈列区布局主要可分为水平、垂直和任意3种，如图5-133所示。

图5-132　陈列区

图5-133　陈列区布局

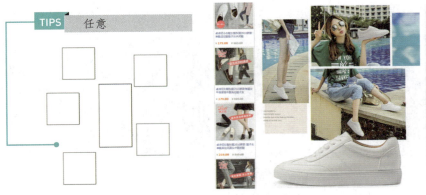

图 5-133　陈列区布局（续）

以户外商品店铺作为装修对象，下面就为大家讲解一下宽度为 750 像素、高度无限制的图像陈列设计与制作，具体操作如下。

操作步骤

① 启动 Photoshop 软件，新建一个"宽度"为 750 像素、"高度"为 400 像素的空白文档。

② 执行菜单栏中的"文件"→"打开"命令，打开本书配备的"素材\第 5 章\"冲锋衣 02.jpg 和冲锋衣 03.jpg"素材文件，如图 5-134 所示。

图 5-134　素材文件

③ 将"冲锋衣 02""冲锋衣 03"素材中的图像拖曳到"陈列区图像设计"文档中，按 Ctrl+T 组合键将其调整到与背景大小相一致，按 Enter 键完成变换，效果如图 5-135 所示。

图 5-135　移入素材并调整大小

④ 新建图层，使用 ▢（矩形工具）绘制两个不同颜色的矩形，效果如图 5-136 所示。

图 5-136　绘制矩形

⑤ 新建图层，使用 ╱（直线工具）绘制 4 条白色直线，效果如图 5-137 所示。
⑥ 使用 T（横排文字工具）输入文字。至此，本例制作完毕，效果如图 5-138 所示。

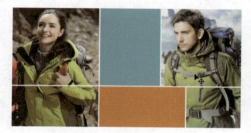 

图 5-137　绘制直线　　　　　　　图 5-138　最终效果

⑦ 还可以通过将宽度设置为 950 像素，来制作一个陈列区图像设计，效果如图 5-139 所示。

图 5-139　效果

5.4.4 项目区图像的设计与制作

以户外商品店铺作为装修对象，下面就为大家讲解一下宽度950像素，高度无限制的项目区图像的设计与制作，具体操作如下。

操作步骤 >>

① 启动 Photoshop 软件，新建一个"宽度"为950像素、"高度"为150像素的空白文档，将前景色设置为"淡青色"、背景色设置为"深青色"使用 ■ （渐变工具）在文档中间向外拖动填充"从前景色到背景色"的"径向渐变"，此时背景如图5-140所示。

图5-140　渐变背景

② 执行菜单栏中的"文件"→"打开"命令，打开本书配备的"素材\第5章\热气球.png"素材文件，效果如图5-141所示。

③ 执行菜单栏中的"编辑"→"定义图案"命令，打开"图案名称"对话框，如图5-142所示。

④ 新建一个图层，执行菜单栏中的"编辑"→"填充"命令，打开"填充"对话框，其中的参数值设置如图5-143所示。

图5-141　素材

图5-142　图案名称

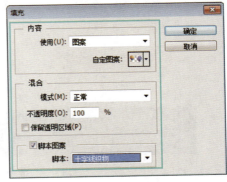

图5-143　"填充"对话框

⑤ 设置完毕单击"确定"按钮，设置"混合模式"为"线性光"、"不透明度"为9%，效果如图5-144所示。

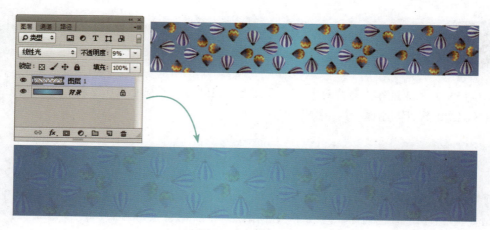

图 5-144 填充后

06 执行菜单栏中的"文件"→"打开"命令，打开本书配备的"素材\第 5 章\星空 2.jpg"素材，如图 5-145 所示。

图 5-145 素材

07 将"星空 2"素材中的图像拖曳到"项目区图像设计"文档中，设置"混合模式"为"滤色"，"不透明度"为 68%，效果如图 5-146 所示。

08 使用 T.（横排文字工具）输入文字，如图 5-147 所示。

图 5-146 移入素材

图 5-147 输入文字

09 执行菜单栏中的"图层"→"图层样式"→"描边"/"外发光"命令，分别展开"描边"和"外发光"面板，其中的参数值设置如图5-148所示。

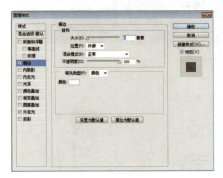 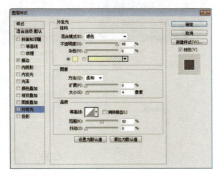

图 5-148　图层样式

10 设置完毕单击"确定"按钮，在"图层"面板中设置"填充"为39%，效果如图5-149所示。

图 5-149　添加图层样式

11 新建一个图层，选择 在"画笔拾色器"中选择"羽毛画笔"，如图5-150所示。

12 使用 左右绘制白色羽毛。至此，本例制作完毕，效果如图5-151所示。

13 使用同样的方法再制作一个其他颜色的"项目区图像"，效果如图5-152所示。

图 5-150　选择画笔　　　　　图 5-151　最终效果

图 5-152　项目

第6章

店铺公告模板与宝贝分类的设计

本章重点
- 宝贝分类的设计
- 店铺公告模板的设计与制作
- 店铺收藏的设计与制作
- 客服图片的设计与制作

本章主要为大家介绍网店首页可设计元素的组成部分中的"宝贝分类"、店铺公告模板、店铺收藏图片以及"联系我们"图片的设计与制作。

在网店中设计与制作的内容虽然比不上广告图、轮播图等图片在视觉中起到的作用,但还是会起到一个导引和店铺推广的作用。

第 6 章　店铺公告模板与宝贝分类的设计

6.1　宝贝分类的设计

在网店中如果上传的宝贝过多，那么查看起来就会变得非常麻烦，此时如果将相同类型的宝贝进行归类，将宝贝放置到与之对应的分类中，此时再进行查找会变得十分轻松，网店中的宝贝分类就是为了让买家以最便捷方式找到自己想买的物品，在店铺中对于宝贝分类可以按照网店的整体色调进行设计，好的宝贝分类可以让买家一目了然，如图6-1所示。

图6-1　宝贝分类

6.1.1 宝贝分类的设计原则

宝贝分类在网店中主要是起导引作用，让买家可以在众多宝贝中快速查找到自己需要的商品，宝贝分类在设计制作时大多数会放置到左侧或通栏位置。

在制作宝贝分类时最好秉承以下几个要点。

宝贝分类要点一：宝贝分类的名称，告诉买家正确的商品信息。

宝贝分类要点二：颜色，最好与店铺的风格颜色保持一致。

宝贝分类要点三：尺寸，如果是放置在宽度为 190 像素内的布局中，宝贝分类宽度最好设置在 160 像素以内，因为在添加宝贝分类时，需要留出左右两端的空白，如果宽度超出，系统会自动对其进行裁剪，这样就看不到完全的宝贝分类图片了。

宝贝分类要点四：不要太绚丽，如果宝贝分类的图片视觉效果超过广告或商品本身图片的吸引力，就会抢了风头，这样会得不偿失。

6.1.2 宝贝分类图片的设计与制作

以户外的店铺作为装修对象，下面就为大家讲解宝贝分类的制作方法，具体操作如下。

操作步骤

01 启动 Photoshop 软件，新建一个"宽度"为 160 像素、"高度"为 60 像素的空白文档，如图 6-2 所示。

02 新建一个图层，使用 ▦（矩形选框工具）绘制一个矩形，再使用 ▦（渐变工具）从上向下拖动鼠标填充"从淡青色到深青色"的径向渐变色，如图 6-3 所示。

图 6-2 新建空白文档

图 6-3 绘制矩形填充渐变色

03 按 Ctrl+D 组合键去掉选区，执行菜单栏中的"图层"→"图层样式"→"投影"命令，展开"投影"面板，其中的参数值设置如图 6-4 所示。

第 6 章　店铺公告模板与宝贝分类的设计　179

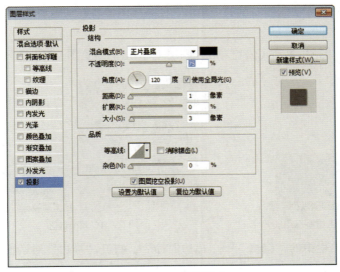

图 6-4　设置图层样式

④ 设置完毕单击"确定"按钮，效果如图 6-5 所示。

⑤ 在"图层 1"图层的下面新建一个图层，使用 ▣（矩形选框工具）绘制一个矩形，再使用 ■（渐变工具）从上向下拖动鼠标填充"从灰色到淡灰色"的线性渐变色，如图 6-6 所示。

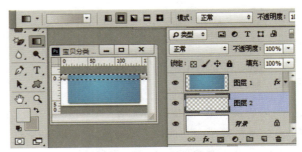

图 6-5　添加投影　　　　　　　　　　图 6-6　绘制选区填充渐变色

⑥ 按 Ctrl+D 组合键去掉选区，新建一个图层，使用 ▼（多边形套索工具）绘制一个三角形的选区，将选区填充为"深蓝色"，效果如图 6-7 所示。

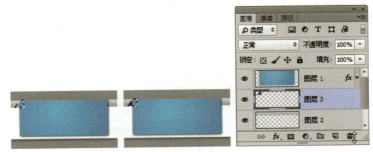

图 6-7　绘制选区填充颜色

07 使用同样的方法制作右侧的三角形，使整体图像看起来更加具有立体感，如图 6-8 所示。

08 新建一个图层，按住 Ctrl 键单击 "图层 1" 图层的缩览图，调出选区，如图 6-9 所示。

图 6-8　绘制三角形

图 6-9　调出选区

09 执行菜单栏中的 "编辑" → "描边" 命令，打开 "描边" 对话框，其中的参数值设置如图 6-10 所示。

10 设置完毕单击 "确定" 按钮，效果如图 6-11 所示。

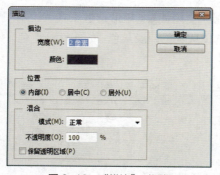

图 6-10　"描边" 对话框

图 6-11　描边后效果

11 执行菜单栏中的 "选择" → "修改" → "收缩" 命令，打开 "收缩选区" 对话框，设置 "收缩量" 为 2 像素，如图 6-12 所示。

12 设置完毕单击 "确定" 按钮，按 Delete 键删除选区内容，效果如图 6-13 所示。

图 6-12　"收缩选区" 对话框

图 6-13　清除选区内容

13 按 Ctrl+D 组合键去掉选区，执行菜单栏中的 "图层" → "图层样式" → "渐变叠加" 命令，展开 "渐变叠加" 面板，其中的参数值设置如图 6-14 所示。

14 设置完毕单击 "确定" 按钮，效果如图 6-15 所示。

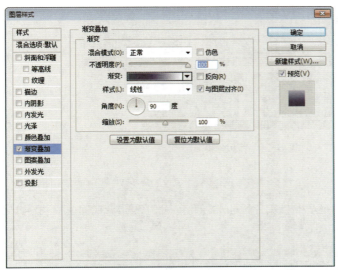

图 6-14 "渐变叠加"面板

图 6-15 添加渐变叠加效果

⑮ 使用 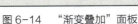（横排文字工具）输入文字，效果如图 6-16 所示。

⑯ 新建一个图层，使用 ◯.（椭圆工具）绘制一个白色椭圆，效果如图 6-17 所示。

图 6-16 输入文本

图 6-17 绘制椭圆

⑰ 按住 Ctrl 键单击"图层 1"图层的缩览图，调出选区，按 Ctrl+Shift+I 组合键将选区反选，按 Delete 键删除选区内容，效果如图 6-18 所示。

⑱ 按 Ctrl+D 组合键去掉选区，设置"不透明度"为 27%，效果如图 6-19 所示。

图 6-18 清除选区

图 6-19 设置不透明度

⑲ 至此，本例制作完毕，使用同样的方法制作出其他分类按钮，效果如图 6-20 所示。

图 6-20　宝贝分类

提示：在对店铺进行装修时，有时会改变宝贝分类的背景颜色，此时只要将背景隐藏，再将其储存为 PNG 格式就可以了，效果如图 6-21 所示。

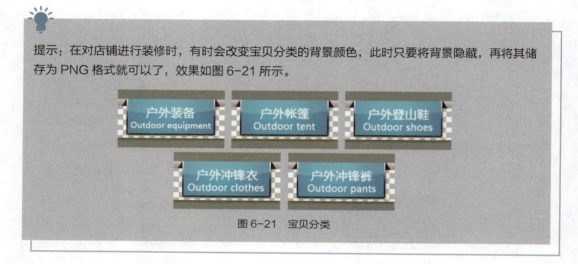

图 6-21　宝贝分类

6.1.3　宝贝子分类的设计

以户外的店铺作为装修对象，下面就为大家讲解一下宝贝子分类的制作方法，具体操作如下。

操作步骤

01　启动 Photoshop 软件，新建一个"宽度"为 160 像素、"高度"为 40 像素的空白文档，如图 6-22 所示。

02　新建一个图层，使用 ▭（矩形选框工具）绘制一个矩形，再使用 ▭（渐变工具）从上向下拖动鼠标填充"从淡青色到深青色"的径向渐变色，如图 6-23 所示。

图 6-22　新建空白文档

03　新建一个图层，使用 ✿（自定义形状工具）绘制一个"箭头"图形，在文档中绘制箭头，如图 6-24 所示。

04　按住 Ctrl 键单击"箭头"所在图层的缩览图，调出选区后，使用 ▭（渐变工具）从上向下拖动鼠标填充"从淡青色到深青色"的径向渐变色，效果如图 6-25 所示。

图 6-23 填充渐变色

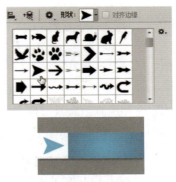
图 6-24 绘制自定义图形

图 6-25 填充渐变

⑤ 按 Ctrl+D 组合键去掉选区，执行菜单栏中的"图层"→"图层样式"→"内阴影"/"投影"命令，分别展开"内阴影"和"投影"面板，其中的参数值设置如图 6-26 所示。

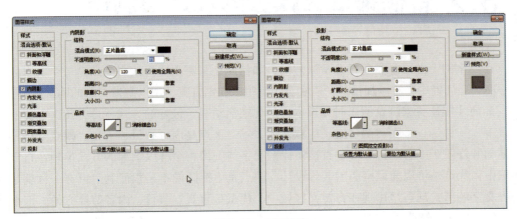
图 6-26 图层样式

⑥ 设置完毕单击"确定"按钮，效果如图 6-27 所示。

⑦ 新建一个图层，使用 （椭圆工具）绘制一个白色椭圆，效果如图 6-28 所示。

⑧ 按住 Ctrl+Shift 组合键单击"图层 1"和"图层 2"图层的缩览图，调出两个图层合并后的选区，按 Ctrl+Shift+I 组合键将选区反选，按 Delete 键删除选区内容，效果如图 6-29 所示。

图 6-27 添加图层样式

图 6-28 绘制椭圆

图 6-29 清除选区

⑨ 按 Ctrl+D 组合键去掉选区，设置"不透明度"为 27%，如图 6-30 所示。

⑩ 至此，本例制作完毕，使用同样的方法制作出其他子分类按钮，效果如图 6-31 所示。

图 6-30 设置不透明度

图 6-31 宝贝子分类

6.2 店铺公告模板的设计与制作

在淘宝网上做生意竞争是非常激烈的，如何能让买家主动掏钱买商品是每个卖家的共同心愿，在店铺中为了增加销量，店主会想出很多促销方案，用以激发买家的购买欲望。

如何才能让买家浏览网店时知道本店的促销活动呢？最好的方式就是宣传。宣传的花样很多，一种是直接在右侧自定义区域输入文字，优点是内容醒目、直接；缺点是将整个店铺的装修毁于一旦。另一种是直接将促销文字与图像相结合以图像的方式出现在自定义区域中，优点是可以兼顾网店的装修设计；缺点是更换图像不是很便利。再有一种就是以公告文字的形式动态地出现在自定义区域中，优点是直观、醒目、内容替换方便。但是最直观的莫过于店铺公告了。在公告里可以让买家直接了解本店的促销活动等内容。

6.2.1 750 像素店铺公告模板的设计

以户外的店铺作为装修对象，下面就为大家讲解一下 750 店铺公告模板的制作方法，具体操作如下。

第 6 章　店铺公告模板与宝贝分类的设计　185

|操作步骤|→→

① 启动 Photoshop 软件，新建一个"宽度"为 750 像素、"高度"为 45 像素的空白文档。

② 将前景色设置为"青色"，背景色设置为"淡青色"，使用 ▢（渐变工具）在文档上面向下拖动填充"从前景色到背景色"的"线性渐变"，此时背景如图 6-32 所示。

图 6-32　填充渐变色

③ 选择 ▢（圆角矩形工具），在属性栏中设置"填充"为"白色"、"描边"为"无"、"半径"为 5 像素，在文档中绘制圆角矩形，如图 6-33 所示。

图 6-33　属性栏设置

④ 执行菜单栏中的"图层"→"图层样式"→"内阴影"命令，展开"内阴影"面板，其中的参数值设置如图 6-34 所示。

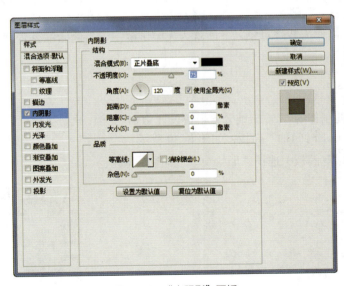

图 6-34　"内阴影"面板

⑤ 设置完毕单击"确定"按钮，效果如图 6-35 所示。

图 6-35　添加内阴影

06 在公告的左侧选择与之对应的文字字体后，输入黑色文字"店铺公告"，效果如图6-36所示。

图6-36 输入文字

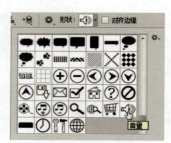

07 选择 ，在"形状拾色器"中选择"音量"，如图6-37所示。

08 使用 绘制选择的形状。至此，本例制作完毕，效果如图6-38所示。

图6-37 选择音量

图6-38 最终效果

6.2.2 750像素店铺公告动态模板的设计

以玩具的店铺作为装修对象，下面就为大家讲解一下右侧店铺公告动态模板的制作方法，具体操作如下。

操作步骤 >>

01 打开之前制作的"750店铺公告模板设计"PSD文档，执行菜单栏中的"窗口"→"时间轴"命令，打开"时间轴"面板，如图6-39所示。

02 在"图层"面板中选择"形状1"，如图6-40所示。

图6-39 "时间轴"面板

图6-40 "图层"面板

03 在"时间轴"面板中单击"复制当前帧"按钮,得到一个第二帧,如图6-41所示。
04 选择第二帧,在"图层"面板中将形状1隐藏,如图6-42所示。

图6-41 "时间轴"面板　　　　图6-42 隐藏"形状1"

05 在"时间轴"面板中将"选择延迟帧时间"设置为0.2,"选择循环选项"为"永远",如图6-43所示。

图6-43 设置时间

06 此时动画制作完毕,执行菜单栏中的"文件"→"储存为Web所用格式"命令,打开"储存为Web所用格式"对话框,设置参数如图6-44所示。

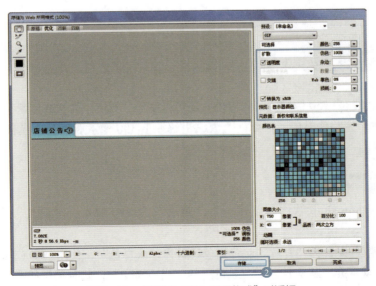

图6-44 "储存为Web所用格式"对话框

07 设置完毕单击"存储"按钮,弹出"将优化结果储存为"对话框,从中选择存储路径、设置名称,如图 6-45 所示。

图 6-45 "将优化结果储存为"对话框

08 设置完毕单击"保存"按钮,此时"750 店铺公告动态模板设计"完毕,预览效果如图 6-46 所示。

图 6-46 预览效果

6.2.3 190 像素店铺公告模板的设计

除了"宽度"为 750 像素的公告以外,还可以制作"宽度"为 950 像素和 190 像素的,以户外的店铺作为装修对象,下面就为大家讲解一下 190 像素店铺公告模板的制作方法,具体操作如下。

操作步骤

01 启动 Photoshop 软件,新建一个"宽度"为 190 像素、"高度"为 250 像素的空白文档。

02 将前景色设置为"青色"、背景色设置为"淡青色",使用 ▇(渐变工具)在文档上面向下拖动填充"从前景色到背景色"的"线性渐变",此时背景如图 6-47 所示。

03 选择 ▇(圆角矩形工具),在属性栏中设置"填充"为"白色"、"描边"为"无"、

"半径"为 5 像素,在文档中绘制圆角矩形,再将"填充"设置为"淡橘色"绘制一个小一点的圆角矩形,如图 6-48 所示。

图 6-47 填充渐变色

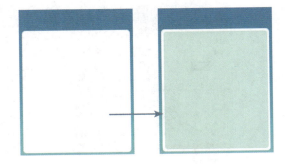

图 6-48 绘制圆角矩形

04 使用 ○.(椭圆工具)在交界处绘制 4 个正圆,如图 6-49 所示。

05 再使用 □.(矩形工具)绘制两个深灰色的矩形,将其移到上下圆形之间,如图 6-50 所示。

06 选择自己喜欢的文字字体,在上面输入文字"店铺公告"。至此,本例制作完毕,效果如图 6-51 所示。

图 6-49 绘制正圆

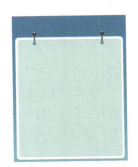

图 6-50 绘制矩形

图 6-51 最终效果

6.3 店铺收藏的设计与制作

在淘宝网店中之所以会在左侧添加醒目的店铺收藏,主要有两个原因:一是淘宝系统的收藏按钮过小,不利于引起买家的注意;二是店铺的收藏人气会影响店铺的排名。

既然店铺收藏设置意义在于引起买家的注意,吸引更多人自愿收藏店铺,那么在设计与制作时首先要求醒目,其次才是其他的考虑事项,如图 6-52 所示。

图 6-52　店铺收藏

下面就为大家讲解一下店铺收藏的制作方法，具体操作如下。

操作步骤

01　启动 Photoshop 软件，新建一个"宽度"为 190 像素、"高度"为 180 像素的空白文档。

02　执行菜单栏中的"文件"→"打开"命令，打开本书配备的"素材\第 6 章\皮衣 .jpg"素材文件，将其移动到店铺收藏文档中，调整其大小、位置和不透明度，如图 6-53 所示。

图 6-53　移入素材

03　新建一个图层，使用 ○（椭圆选框工具）在文档中绘制正圆选区，如图 6-54 所示。

04　将前景色设置为"黄绿色"、背景色设置为"绿色"，使用 ■（渐变工具）在文档中间向外拖动填充"从前景色到背景色"的"径向渐变"，如图 6-55 所示。

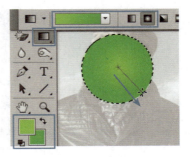

图 6-54 绘制正圆选区　　　　图 6-55 填充渐变

05 渐变填充完成后，执行菜单栏中的"滤镜"→"杂色"→"添加杂色"命令，打开"添加杂色"对话框，其中的参数值设置如图 6-56 所示。

06 设置完毕单击"确定"按钮，效果如图 6-57 所示。

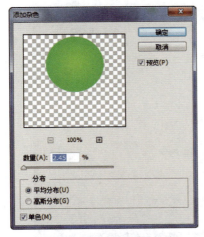

图 6-56 "添加杂色"对话框　　　　图 6-57 添加杂色

07 按 Ctrl+D 组合键将选区去掉，再使用 （钢笔工具）绘制路径后，按 Ctrl+Enter 组合键转换成选区填充"白色"，设置"不透明度"为 25%，效果如图 6-58 所示。

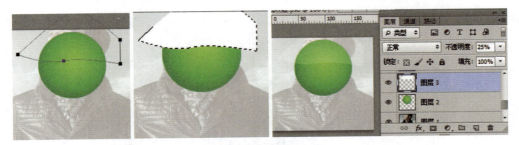

图 6-58 填充

08 执行菜单栏中的"图层"→"创建剪贴蒙版"命令，按 Ctrl+E 组合键向下合并，如图 6-59 所示。

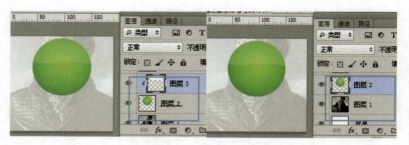

图 6-59 剪贴蒙版并合并图层

⑨ 执行菜单栏中的"图层"→"图层样式"→"描边"命令，展开"描边"面板，其中的参数值设置如图 6-60 所示。

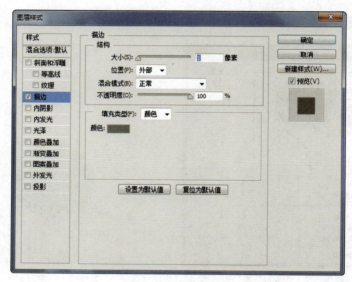

图 6-60 "描边"面板

⑩ 设置完毕单击"确定"按钮，效果如图 6-61 所示。

⑪ 使用同样的方法制作下面的两个小一点的渐变正圆，在上面绘制绿色直线，在相连接的位置进行加深处理，如图 6-62 所示。

⑫ 在每个球上输入不同颜色的文字，如图 6-63 所示。

图 6-61 添加描边

图 6-62 制作圆球

图 6-63 输入文字

⑬ 执行菜单栏中的"图层"→"图层样式"→"描边"、"投影"和"外发光"命令，分别展开"描边""投影"和"外发光"面板，其中的参数值设置如图6-64所示。

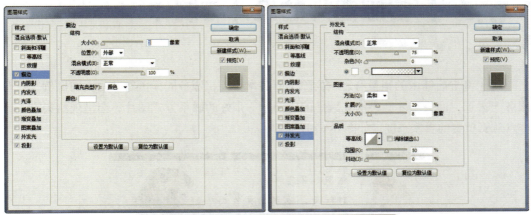

图 6-64 图层样式

⑭ 设置完毕单击"确定"按钮，效果如图6-65所示。

⑮ 再输入英文，同样添加图层样式。至此，本例制作完毕，效果如图6-66所示。

图 6-65 添加样式　　　　图 6-66 最终效果

6.4 客服图片的设计与制作

对于淘宝店铺中的销量有影响的除了商品本身外,服务同样占有非常大的比例,只有服务上去了,回头客才会再次光顾您的店铺,一张好的联系方式图片,会呈现给买家一种非常认真负责的卖家态度,如图6-67所示。

图6-67 客服图片

下面就为大家讲解一下客服图片的制作方法,具体操作如下。

操作步骤

01 启动Photoshop软件,新建一个"宽度"为190像素、"高度"为110像素的空白文档,将前景色设置为"青色"、背景色设置为"淡青色",使用 （渐变工具）在文档上面向下拖动填充"从前景色到背景色"的"线性渐变",此时背景如图6-68所示。

02 打开本书配备的"素材\第6章\箭头.png"素材文件,并将其移动到新建文档中,如图6-69所示。

图6-68 新建文档并填充渐变

03 使用 T （横排文字工具）选择比较正式一点的文字字体,在文档中相应位置输入文字,如图6-70所示。

图6-69 移入素材

图6-70 输入文字

04 执行菜单栏中的"图层"→"图层样式"命令,打开"图层样式"对话框。在其中分别选择"渐变叠加"和"投影"选项,展开"渐变叠加"和"投影"面板,参数值设置如图 6-71 所示。

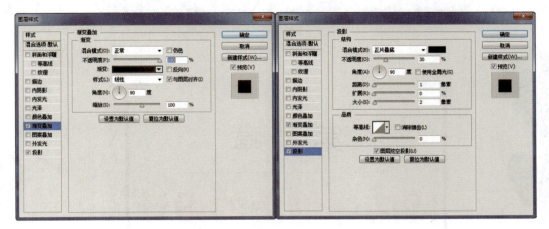

图 6-71　图层样式

05 设置完毕单击"确定"按钮。至此,本例制作完毕,效果如图 6-72 所示。

图 6-72　最终效果

第 7 章
网店详情页的设计

本章重点
- 详情页的设计思路以及操作流程
- 详情页的格局构成
- 详情页的设计原则
- 详情页的设计与制作

在淘宝开店,同行卖家都会有相同或类似的商品,如何让消费者选择你而非别家?想要提升购买转化率以及培养用户的黏性,让消费者下定决心在你的店铺购买,收藏并且下次再来?这一系列的触动都需要你的宝贝详情页面去传达和渲染,也是吸引和抓紧消费者到达购买区域的落实点。宝贝详情页直接决定着网店宝贝的成交与否。宝贝详情页不能太简单,也不能太具体甚至繁杂。

本章主要为大家介绍淘宝网店商品详情描述页面的设计与制作,案例制作之前首先要对详情页有一个具体的制作思路,在固定思路之后再在上面进行详细的划分。

7.1 详情页的设计思路以及操作流程

很多新手美工以为做描述页,就是简单地摆放几张产品图和产品尺寸,然后再加一些参数表等。其实做详情页说简单也简单,说难也难,难就难在能否帮助店主将商品卖出去,帮助商家提升销量。打造一张优秀的详情页,大概需用 60% 的时间去调查构思,确定方向;然后用 40% 的时间去设计优化。

一个好的网店美工,不仅只是美化图片、合成效果图,而应该参与到应用当中,将商品的真正描述详情做到图片中,掌握详情页的作用、放大商品的卖点,这些都需要美工来完成。

详情页的设计思路以及操作流程具体如表 7-1 所示。

表 7-1 详情页的设计思路及操作流程

宝贝详情页的作用	宝贝详情页是提高转化率的入口,激发顾客的消费欲望,树立顾客对店铺的信任感,打消顾客的消费疑虑,促使顾客下单。优化宝贝详情对转化率有提升的作用,但是起决定性作用的还是产品本身
设计详情遵循的前提	宝贝详情页要与宝贝主图、宝贝标题相契合,宝贝详情页必须真实地介绍出宝贝的属性。假如标题或者主图里写的是韩版女装但是详情页却是欧美风格,顾客一看不是自己想要的肯定会马上关闭页面
设计前的市场调查	设计宝贝详情页之前要充分进行市场调查、同行业调查,规避同款。同时也要做好消费者调查,分析消费者人群,分析消费者的消费能力、消费的喜好以及顾客购买所在意的问题等
调查结果及产品分析	根据市场调查结果以及自己的产品进行系统的分析总结,罗列出消费者所在意的问题、同行的优缺点以及自身产品的定位,挖掘自身与众不同的卖点
关于宝贝定位	根据店铺宝贝以及市场调查确定本店的消费群体。 例如,外出旅游住宾馆,有的小旅馆 100 元一夜卖的就是价格,卫生什么的都没有保障。定位于低端。有的连锁酒店 200 元一夜卖的是性价比,定位于中端顾客。有的大酒店 400 元一夜卖的就是服务。还有的主题宾馆卖的是个性等
关于挖掘宝贝卖点	针对消费群体挖掘出本店的宝贝卖点。 贾真老师的案例:一家卖键盘膜的店铺发现评价里差评很多,大多是抱怨键盘膜太薄,一般的掌柜可能下次直接进厚一点的货。而这家掌柜则直接把描述里的卖点改为史上最薄的键盘膜! 结果出乎意料! 评分直线上升,评价里都是关于键盘膜真的好薄之类的评语! 直接引导并改变了消费者的心理期望达到非常良好的效果。 关于宝贝卖点的范围非常广泛! 如卖价格、卖款式、卖文化、卖感觉、卖服务、卖特色、卖品质、卖人气等
开始准备设计元素	根据消费者分析以及自身产品卖点的提炼,根据宝贝风格的定位,开始准备所用的设计素材。详情页所用的的文案并确立宝贝详情的用色、字体、排版等,最后还要烘托出符合宝贝特性的氛围,如羽绒服背景可以采用冬天的冰山效果。 要确立的六大元素为配色、字体、文案、构图、排版和氛围

提示：
1. 如何进行调查？

答：通过淘宝指数（shu.taobao.com）可以清楚地查到消费者的一切喜好以及消费能力、地域等很多数据，学会利用这些数据对优化详情页很有帮助！另外，生e经等付费软件也有一些分析功能。

2. 如何了解消费者最在意的问题？

答：可以去宝贝评价里面找，在买家评价里面可以挖出很多有价值的东西，了解买家的需求以及购买后遇到的问题等。

7.2 详情页的格局构成

详情页整体是由各个局部组成的，从上向下依次为主图、左侧区域图、右侧区域图，如图7-1所示。

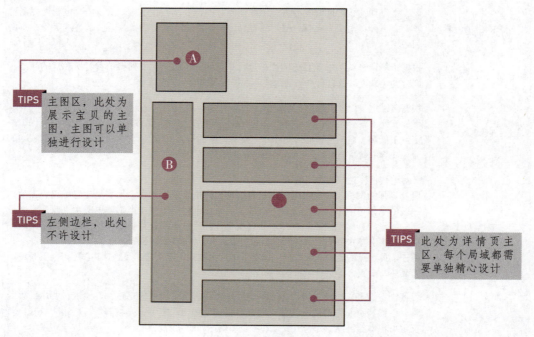

TIPS 主图区，此处为展示宝贝的主图，主图可以单独进行设计

TIPS 左侧边栏，此处不许设计

TIPS 此处为详情页主区，每个局域都需要单独精心设计

图7-1 详情页组成

详情页中 C 区是可以自由发挥设计的位置，从上向下依次为广告、卖点、细节图等构成分，产品价值＋消费信任＝下单，详情页上半部分诉说产品价值，后半部分培养顾客的消费信任感。对于消费信任感不光通过各种证书、品牌认证的图片来树立，使用正确的颜色、字体及排版结构，对赢得顾客消费信任感也会起到重要作用。详情页每一块组成都有它的价值，都要经过仔细的推敲和设计，如图 7-2 所示。

其中的各项详细说明如下。

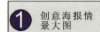

图 7-2 详情页可装修区域

1 创意海报情景大图

根据网上流传前三屏 3 秒注意力原则，开头的大图是视觉焦点，背景应该采用能够展示品牌特性以及产品特色的意境图，可以第一时间吸引买家注意力。

2 宝贝的卖点 / 特性

根据 FAB 法则，关于 FAB 具体可以在百度上查询（F（特性）—A（作用）—B（好处））。

Feature（特性）：产品品质，指服装布料、设计的特点，即一种产品能够看得到、摸得着的东西，产品与众不同的地方。

Advantage（作用）：从特性引发的用途，即指服装的独特之处，就是这种属性将会给客户带来的作用或优势。

Benefit（好处）：是指作用或者优势会给客户带来的利益，对顾客的好处（因客而异）。

例如，一台空气净化器，特点：静音，采用获得某国际认证的材料构成等。作用：可以比同行加倍去除灰尘、甲醛等空气中有害物质。好处：给消费者带来安全静音的呼吸环境，减少呼吸疾病的困扰。卖点中出现的数字部分，如销量突破 5 万，50000 这个数字要放大加粗，制造劲爆的效果和氛围。

3 宝贝的规格参数

宝贝的可视化尺寸设计，可以采用实物与宝贝对比，让顾客切实体验到宝贝实际尺寸，以免收到货的时候低于心理预期。

4 同行宝贝的优劣对比

宝贝优劣 PK：通过对强化宝贝卖点，不断向消费者阐述。

5 模特 / 宝贝全方位展示

宝贝展示以主推颜色为主，服装类的宝贝要提供模特的三围身高信息。最好后面可以放置一些买家真人秀的模块，目的就是拉近与消费者的距离，让消费者了解衣服是否适合自己。

6 宝贝细节图片展示

细节图片要清晰有质感,并且附带相关的文案介绍。

7 产品包装展示

通过店铺的资历证书以及生产车间方面的展示,可以烘托出品牌和实力,但是一个店铺品牌不是通过几张图片以及写个品牌故事就可以做出来的,而是在整个买卖过程中通过各种细节展现给消费者的。

8 售后保障问题/物流

关于售后就是解决顾客已知和未知的各种问题,如是否支持7天无理由退换货、发什么快递、快递大概几天可以到以及产品有质量问题怎么解决。这一块做好的话可以减轻不少客服的工作压力,增加默默转化率,把复杂留给自己,把简单留给客户。

7.3 详情页的设计原则

淘宝的消费者在搜索商品的时候,是先搜索,然后碰到自己喜欢的商品,就直接进入了宝贝详情页面。所以,宝贝详情页是提高转化率的首要入口。

一个好的美工不应该只停留在技术层面,也应该有自己的思路和想法,在对详情页进行设计制作时应该考虑以下几点:引发兴趣;激发潜在需求;赢得消费者信任;替客户做决定。

特别要注意的是,由于客户不能真实体验产品,宝贝详情页是要打消买家顾虑,从客户角度出发,首先把自己定位成买家,看看什么样子的详情页能够吸引自己。能够让买家感受到店家热情的方式除了直接的图片信息以外,一句吸引人的语句、一句温馨的问候,这些都能够让买家在第一时间产生冲动感,从而实现感性下单。对图片中文案的作用不应该忽视,具体的应用应该按照以下几点:①文案要运用情感营销引发共鸣;②对于卖点的提炼要简短易记并反复强调暗示;③运用好FAB法则有需求才有产品,店家卖的不是宝贝,卖的是顾客买到宝贝之后可以得到什么价值!满足什么需求!让理性的顾客进来,最后是感性下单。

一个成功的详情页不单单只是为了罗列商品的数据,而应该是在视觉和文案中都能得到应有的享受,如图7-3所示。

图 7-3　详情页

7.4　详情页的设计与制作

本节以乐乐户外店铺作为详情页装修目标，在设计时要先对格局框架进行布局，将风格定位、配色方案等进行设置，对需要的素材进行详细处理，为详情页的局部进行单独设计，最后进行合成。

7.4.1 宝贝商品提升质感的方法

拍摄后的宝贝如果直接上传到淘宝中,在网店中展现的就是商品本身。很多商品的质感都没能体现出来,如化妆品、皮鞋等。通过 Photoshop 可以为拍摄的商品添加一些高光质感或者添加投影等效果,使商品本身在同类商品中更具有竞争力。

1 添加高光质感

操作步骤 >>

01 启动 Photoshop 软件,执行菜单栏中的"文件"→"打开"命令,打开本书配备的"素材\第 7 章\皮鞋 .jpg"素材文件,如图 7-4 所示。

02 新建一个图层,选择 (画笔工具)后,按 F5 键打开"画笔"面板,设置参数如图 7-5 所示。

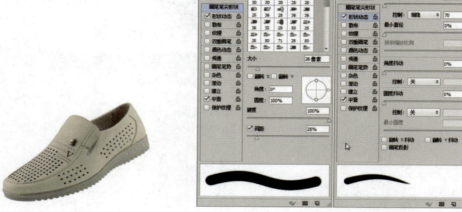

图 7-4 素材文件　　　　　　图 7-5 设置"画笔"面板

03 将前景色设置为"白色",使用 (画笔工具)在鞋头部分绘制白色画笔,效果如图 7-6 所示。

04 执行菜单栏中的"滤镜"→"模糊"→"高斯模糊"命令,打开"高斯模糊"对话框,设置"半径"为 3.5 像素,如图 7-7 所示。

图 7-6 绘制画笔

图 7-7 "高斯模糊"对话框

○5 设置完毕单击"确定"按钮,设置"混合模式"为"柔光",效果如图 7-8 所示。

○6 新建一个图层,使用 ▱(多边形套索工具)在侧面绘制选区,按 Alt+Delete 组合键填充前景色,如图 7-9 所示。

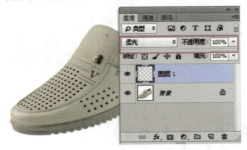

图 7-8 模糊后设置"混合模式"

图 7-9 绘制选区填充白色

○7 按 Ctrl+D 组合键去掉选区,执行菜单栏中的"滤镜"→"模糊"→"高斯模糊"命令,打开"高斯模糊"对话框,设置"半径"为 7 像素,如图 7-10 所示。

○8 设置完毕单击"确定"按钮,设置"混合模式"为"柔光"、"不透明度"为 79%,效果如图 7-11 所示。

图 7-10 "高斯模糊"对话框

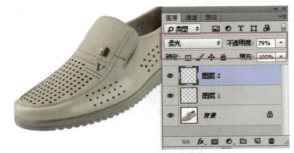

图 7-11 模糊后的效果

○9 使用同样的方法在鞋面和鞋的后半部分添加高光,效果如图 7-12 所示。

10 添加高光质感可以让鞋子更加具有视觉吸引力,如图 7-13 所示。

图 7-12 添加高光(1)

图 7-13 添加高光(2)

 添加倒影

操作步骤 ➡

○1 启动 Photoshop 软件,打开本书配备的"素材\第 7 章\化妆品 5 件套 .png"素材文件，如图 7-14 所示。

❷ 将素材移到新建空白文档中，绘制价格标签并输入相应文字，如图 7-15 所示。

❸ 复制产品图层得到副本图层，将副本进行垂直翻转，向下移动，单击"添加图层蒙版"按钮 ▢，为图层添加图层蒙版，使用 ▢（渐变工具）从上向下填充"从白色到黑色"的线性渐变，效果如图 7-16 所示。

图 7-14　素材文件

图 7-15　绘制标签并输入文字

图 7-16　设置倒影

04 新建一个图层，绘制一个"羽化"为5的矩形选区，填充深色，效果如图7-17所示。

图 7-17　阴影

05 按 Ctrl+D 组合键去掉选区，执行菜单栏中的"滤镜"→"液化"命令，打开"液化"对话框，使用 （向前变形工具）对阴影进行编辑，使其更加完美，如图7-18所示。

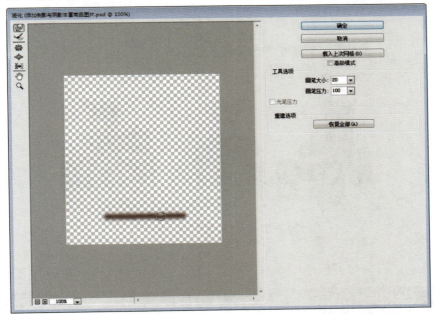

图 7-18　编辑阴影

06 设置完毕，单击"确定"按钮，效果如图7-19所示。

07 此时产品部分已经非常具有立体感了，下面再对背景进行调整，使整体看起来更加立体、更加吸引眼球，如图7-20所示。

08 使用同样的方法可以制作大幅的系列产品广告效果，如图7-21所示。

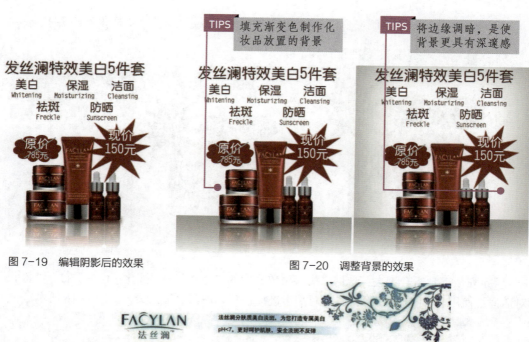

图 7-19　编辑阴影后的效果

图 7-20　调整背景的效果

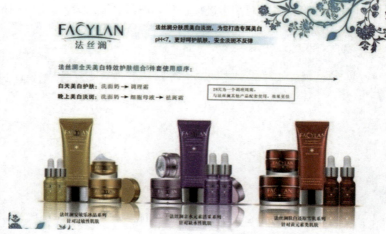

图 7-21　设置倒影与阴影的效果

7.4.2　详情页的框架

　　详情页在进行设计之前,一定要先对整体的设计效果起草一个框架,目的是为了在设计时不会出现盲目、无从下手的情况。本章按照户外商品中的冲锋衣进行详情页设计,按照构成原则以及实体店的购买流程。首先设计商品的广告图来吸引买家;其次是展示商品本身的细节内容,让买家了解具体的卖点信息;再次是对商品与配套商品的组合推荐。根据以上分析,可以大致规划出本案例的详情页的结构框架,如图 7-22 所示。

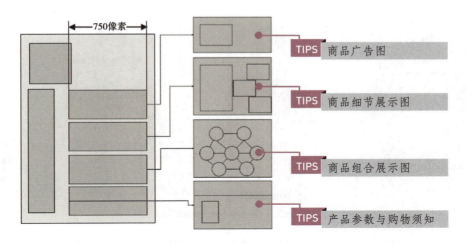

图 7-22　冲锋衣详情页的框架

7.4.3　商品照片的抠图

商品的拍摄照片通常都是以白色作为背景，在制作详情页时首先要对选择的商品照片进行一下处理，调色、修图等应该在照片拍出后就进行，本小节目的就是为选择的商品照片进行抠图，以备后用，具体操作如下。

操作步骤 >>

01 启动 Photoshop 软件，执行菜单栏中的"文件"→"打开"命令，打开本书配备的"素材 \ 第 7 章 \ 冲锋衣 01.jpg、冲锋衣 02.jpg、冲锋衣 03.jpg 和冲锋衣 04.jpg"素材文件，如图 7-23 所示。

图 7-23　素材文件

02 通过打开的素材，可以采用两种方法进行抠图，一种是对白色背景的图片，这里只要使用 （魔术橡皮擦工具）在白色背景上单击，就可以快速将背景去掉，效果如图 7-24 所示。

图 7-24 使用魔术橡皮擦去背景

⓷另一种是野外拍摄的人物照片，需要使用 ✎（钢笔工具）沿人物边缘创建路径，过程如图 7-25 所示。

图 7-25 创建路径

⓸路径创建完毕后按 Ctrl+C 组合键复制，再执行菜单栏中的"文件"→"新建"命令，新建一个空白文档，在新建的文档中按 Ctrl+V 组合键粘贴，将其粘贴到新文档中，将背景隐藏，如图 7-26 所示。

⓹使用 ⌦（多边形套索工具）在臂弯处创建选区，按 Delete 键删除选区内容，效果如图 7-27 所示。

图 7-26 复制   图 7-27 删除选区内容

⓺抠图完毕后，将文档存储为 PNG 格式，以备后用，如图 7-28 所示。

图 7-28　存储为 PNG 格式

7.4.4　商品广告区的设计

详情页中的创意主图,在页面中主要起到第一时间吸引买家注意力的作用,从而使买家继续浏览详情页下面的内容,商品广告区创意主图的具体制作步骤如下。

操作步骤 >>

01 启动 Photoshop 软件,执行菜单栏中的"文件"→"新建"命令,新建一个"宽度"为 750 像素、"高度"为 500 像素、"分辨率"为 72 像素/英寸的空白文档。

02 执行菜单栏中的"文件"→"打开"命令,打开本书配备的"素材\第 7 章\景色 .jpg、户外 .jpg、地图 .jpg 和光 .png"素材文件,如图 7-29 所示。

图 7-29　素材文件

③ 将"地图"素材中的图像拖曳到新建的空白文档中,调整位置和大小,再将"户外"素材中的图像拖曳到新建的空白文档中,设置"混合模式"为"线性加深"、"不透明度"为31%,如图7-30所示。

图7-30 移入素材(1)

④ 将"光"素材中的图像拖曳到新建的空白文档中,将名称设置为sun,设置"混合模式"为"叠加",如图7-31所示。

图7-31 移入素材(2)

⑤ 将"景色"素材中的图像拖曳到新建的空白文档中,设置"混合模式"为"滤色"、"不透明度"为72%,如图7-32所示。

图7-32 移入素材(3)

⑥ 将之前抠图的"冲锋衣03"素材文件中的冲锋衣图像拖曳到新建的空白文档中,如图7-33所示。

图 7-33 移入素材（4）

07 复制"图层 1"图层，得到一个"图层 1"图层，单击"添加图层蒙版"按钮 ▢，为图层添加一个图层蒙版，使用 ▢（渐变工具）从上到下拖曳鼠标填充"从白色到黑色"的线性渐变，如图 7-34 所示。

图 7-34 编辑蒙版

08 新建一个图层，使用 ▢（钢笔工具）在模特身上创建路径，如图 7-35 所示。

图 7-35 创建路径

09 将前景色设置为"青色"，选择 ▢（画笔工具），设置"半径"为 9、"硬度"为 100%，单击"路径"面板中的"用画笔描边路径"按钮 ▢，效果如图 7-36 所示。

10 执行菜单栏中的"滤镜"→"模糊"→"高斯模糊"命令，打开"高斯模糊"对话框，其中的参数值设置如图 7-37 所示。

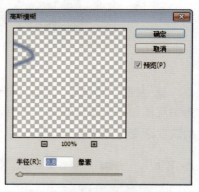

图 7-36　描边路径　　　　　　　　　图 7-37　"高斯模糊"对话框

⓫ 设置完毕单击"确定"按钮，效果如图 7-38 所示。

图 7-38　模糊后的效果

⓬ 单击"添加图层蒙版"按钮，为图层添加一个图层蒙版，使用（画笔工具）在人物身体处涂抹黑色，效果如图 7-39 所示。

图 7-39　编辑蒙版（1）

⑬ 按住 Ctrl 键单击"图层 5"图层缩览图，调出选区新建一个图层，使用 ■（渐变工具）从上到下拖曳鼠标填充"从绿色到青色"的线性渐变，设置"混合模式"为"点光"，单击"添加图层蒙版"按钮 ■，为图层添加一个图层蒙版，使用 ■（画笔工具）在人物身体处涂抹黑色，效果如图 7-40 所示。

图 7-40　编辑蒙版（2）

⑭ 新建一个图层，与制作图层 5 中描边路径的方法一样，制作一个绿色路径描边，添加蒙版，编辑蒙版，设置"混合模式"为"颜色减淡"，效果如图 7-41 所示。

图 7-41　设置描边路径并编辑蒙版

⑮ 新建一个图层，再制作一个"半径"为 4 的白色画笔描边路径，效果如图 7-42 所示。

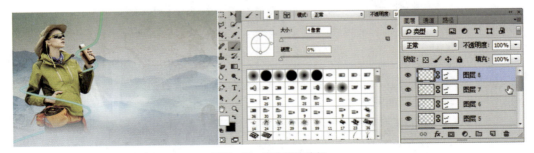

图 7-42　制作描边路径

⑯ 新建一个图层，再制作一个"半径"为 20 的青色画笔描边路径，效果如图 7-43 所示。

⑰ 执行菜单栏中的"滤镜"→"模糊"→"高斯模糊"命令，打开"高斯模糊"对话框，其中的参数值设置如图 7-44 所示。

⑱ 设置完毕单击"确定"按钮，设置"混合模式"为"变亮"，设置"不透明度"为

60%,效果如图 7-45 所示。

图 7-43 描边路径

图 7-44 "高斯模糊"对话框

图 7-45 模糊后的效果

⑲ 单击"添加图层蒙版"按钮 ▣,为图层添加一个图层蒙版,使用 ✔(画笔工具)在人物身体处涂抹黑色,效果如图 7-46 所示。

图 7-46 添加蒙版

⑳ 复制"图层 9"图层,得到一个"图层 9"图层,设置"混合模式"为"叠加",设置"不透明度"为 24%,效果如图 7-47 所示。

图 7-47 复制图层

㉑ 新建"组 1",在页面中输入一个红色的数字 7,效果如图 7-48 所示。

图 7-48　新建组并输入文本

㉒ 在"组 1"中新建一个图层,使用 ▫(矩形工具)在 7 字的下部绘制一个红色矩形,效果如图 7-49 所示。

图 7-49　绘制矩形

㉓ 单击"添加图层蒙版"按钮 ▫,为图层添加一个图层蒙版,使用 ▫(渐变工具)从左向右拖曳鼠标填充"从白色到黑色"的线性渐变,效果如图 7-50 所示。

图 7-50　编辑蒙版

㉔ 使用 T(横排文字工具)在矩形上输入红色文字"折",效果如图 7-51 所示。

㉕ 按住 Ctrl 键单击"折"文字图层的缩略图,调出选区后,使用 ▸(移动工具)后选择矩形所在的图层,按键盘上的方向键一次,此时会将选区交叉,如图 7-52 所示。

图 7-51　输入文字　　　　　　　　　　图 7-52　调出选区

㉖ 新建一个图层，将选区填充为"白色"，效果如图 7-53 所示。

㉗ 按 Ctrl+D 组合键去掉选区，再在合适的位置输入相应的文字。至此，本例制作完毕，效果如图 7-54 所示。

图 7-53　填充选区　　　　　　　　　　图 7-54　最终效果

7.4.5　商品细节展示区的设计

详情页中的细节展示区，在页面中主要起到让买家了解商品各个部分的详细信息的作用，具体制作步骤如下。

操作步骤

① 启动 Photoshop 软件，执行菜单栏中的"文件"→"新建"命令，新建一个"宽度"为 750 像素、"高度"为 800 像素、"分辨率"为 72 像素 / 英寸的空白文档，将背景填充为与上面创意广告底部的一样的灰色，如图 7-55 所示。

② 将之前抠图的"冲锋衣 04"素材中的图像拖曳到新建文档中，如图 7-56 所示。

③ 新建一个图层，使用 （椭圆选框工具）在冲锋衣的下面绘制一个椭圆形，将椭圆填充黑色，如图 7-57 所示。

图 7-55　新建文档

图 7-56 移入素材　　　　　　　　图 7-57 填充选区

04 按 Ctrl+D 组合键去掉选区，执行菜单栏中的"滤镜"→"模糊"→"高斯模糊"命令，打开"高斯模糊"对话框，其中的参数值设置如图 7-58 所示。

05 设置完毕单击"确定"按钮，设置"混合模式"为"滤色"，设置"不透明度"为 72%，如图 7-59 所示。

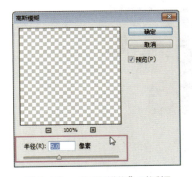

图 7-58 "高斯模糊"对话框　　　　图 7-59 模糊后的效果

06 复制"图层 1"图层，得到一个"图层 1"副本图层，执行菜单栏中的"编辑"→"变换"→"垂直翻转"命令，效果如图 7-60 所示。

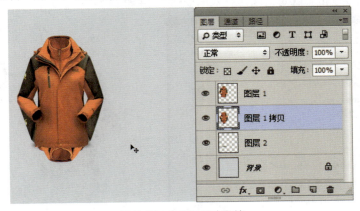

图 7-60 复制并垂直翻转

07 向下移动图像，单击"添加图层蒙版"按钮 ，为图层添加一个图层蒙版，使用 （渐变工具）从上到下拖曳鼠标填充"从白色到黑色"的线性渐变，如图7-61所示。

图7-61　制作倒影

08 使用 ⬭（椭圆选框工具）绘制一个正圆选区，选择"冲锋衣"素材，按Ctrl+A键全选整个图像，按Ctrl+C组合键复制图像，在新建文档中执行菜单栏中的"编辑"→"选择性粘贴"→"贴入"命令，效果如图7-62所示。

图7-62　贴入

09 执行菜单栏中的"图层"→"图层样式"→"描边"命令，打开"描边"设置面板，其中的参数值设置如图7-63所示。

10 设置完毕单击"确定"按钮，效果如图7-64所示。

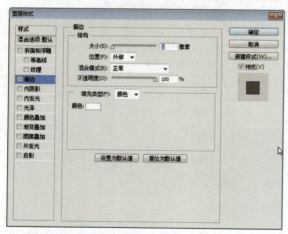

图7-63　"描边"面板

图7-64　描边后

⑪ 新建一个图层，使用 ◯（椭圆选框工具）绘制一个正圆选区，效果如图 7-65 所示。

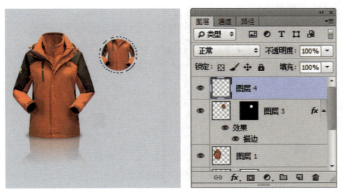

图 7-65　创建选区

⑫ 执行菜单栏中的"编辑"→"描边"命令，打开"描边"对话框，其中的参数值设置如图 7-66 所示。

⑬ 设置完毕单击"确定"按钮，效果如图 7-67 所示。

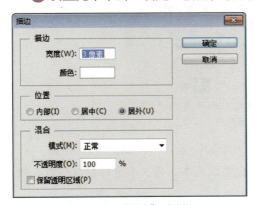

图 7-66　"描边"对话框

图 7-67　描边后

⑭ 按 Ctrl+D 组合键去掉选区，使用 ◯（椭圆工具）绘制一个形状，设置"填充"为"无"、"描边"为"白色"、样式为"虚线"，如图 7-68 所示。

图 7-68　绘制形状

⑮ 单击"添加图层蒙版"按钮 ▣，为图层添加一个图层蒙版，使用 ✎（画笔工具）在虚线一侧涂抹黑色，效果如图 7-69 所示。

图 7-69　编辑蒙版

⑯ 新建一个图层，使用 ◯（多边形工具）绘制一个白色三角形，调整方向和大小，效果如图 7-70 所示。

图 7-70　绘制三角形

⑰ 使用同样的方法制作另外 3 个，调整贴入对象的位置，效果如图 7-71 所示。

⑱ 使用 T（横排文字工具）在图像中输入合适的文本，将文本进行位置摆放，效果如图 7-72 所示。

图 7-71　制作并贴入对象

图 7-72　输入文字

⑲ 在背景上新建一个图层，使用 ✎（画笔工具）在页面中绘制一个白色画笔笔触，效果如图 7-73 所示。

图 7-73 绘制画笔

❷⓿ 新建一个图层，选择 ✐（画笔工具），执行菜单栏中的"窗口"→"画笔"命令，打开"画笔"面板，其中的参数值设置如图 7-74 所示。

❷❶ 使用 ✐（画笔工具）在圆形之间绘制白色虚线画笔。至此，本例制作完毕，效果如图 7-75 所示。

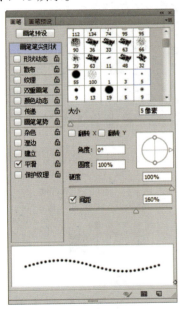

图 7-74 设置画笔

图 7-75 最终效果

7.4.6 商品组合展示区的设计

详情页中的组合展示区，在页面中主要起到让买家了解商品不同颜色或不同材质的图像展示作用，具体制作步骤如下。

> 操作步骤 >>

① 启动 Photoshop 软件，执行菜单栏中的"文件"→"新建"命令，新建一个"宽度"为 750 像素、"高度"为 800 像素、"分辨率"为 72 像素/英寸的空白文档，将背景填充为与上面商品细节展示区的一样的灰色，使用 ◯（椭圆选框工具）在上面绘制一个椭圆选区，如图 7-76 所示。

② 选择之前打开的"冲锋衣 02"素材，按 Ctrl+A 键全选整个图像，按 Ctrl+C 组合键复制图像，在新建文档中新建一个组 1，执行菜单栏中的"编辑"→"选择性粘贴"→"贴入"命令，按 Ctrl+T 组合键调出自由变换框，拖动控制点调整大小，效果如图 7-77 所示。

图 7-76　新建文档并绘制选区

图 7-77　贴入图像

③ 按 Enter 键完成变换，在图像缩览图与蒙版缩览图之间单击，显示链接符号，如图 7-78 所示。

④ 将前景色设置为"红色"，在组 1 中新建一个图层，使用 ✎（画笔工具）选择一个花纹笔触，在页面进行绘制，如图 7-79 所示。

⑤ 按 Ctrl+T 组合键调出自由变换框，拖动控制点对笔触进行缩小和旋转，效果如图 7-80 所示。

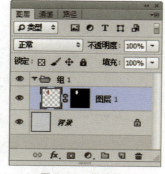

图 7-78　链接符号

图 7-79　绘制花纹

06 按 Enter 键完成变换,复制一个笔触副本,将其向右侧拖曳,执行菜单栏中的"编辑"→"变换"→"水平翻转"命令,效果如图 7-81 所示。

图 7-80 变换

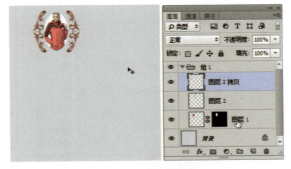

图 7-81 复制并翻转

07 复制"组 1"得到一个"组 1 副本",将其向右侧拖曳,执行菜单栏中的"编辑"→"变换"→"水平翻转"命令,效果如图 7-82 所示。

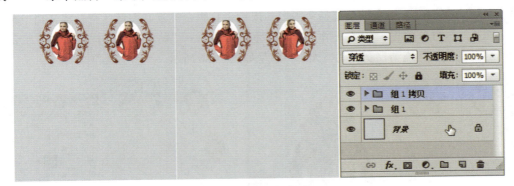

图 7-82 复制并翻转

08 展开"组 1 拷贝",选择冲锋衣所在的图层,使用 （快速选择工具）在衣服区域创建选区,如图 7-83 所示。

图 7-83 创建选区

09 执行菜单栏中的"图像"→"调整"→"色相/饱和度"命令,打开"色相/饱和度"对话框,其中的参数值设置如图 7-84 所示。

⑩ 设置完毕单击"确定"按钮，按 Ctrl+D 组合键去掉选区，效果如图 7-85 所示。

图 7-84 "色相/饱和度"对话框   图 7-85 调整色相

⑪ 使用 ◯（椭圆选框工具）在上面绘制一个椭圆选区，选择之前打开的"冲锋衣 01"素材，按 Ctrl+A 组合键全选整个图像，按 Ctrl+C 组合键复制图像，在新建文档中新建一个组 1，执行菜单栏中的"编辑"→"选择性粘贴"→"贴入"命令，按 Ctrl+T 组合键调出自由变换框，拖动控制点调整大小，效果如图 7-86 所示。

图 7-86 贴入图像

⑫ 按 Enter 键完成变换，新建图层使用 ✎（画笔工具）绘制花纹，效果如图 7-87 所示。

⑬ 复制"组 2"得到一个"组 2 拷贝"，分别调整不同颜色，效果如图 7-88 所示。

⑭ 在背景上面新建一个图层，选择 ✎（画笔工具），执行菜单栏中的"窗口"→"画笔"命令，打开"画笔"面板，其中的参数值设置如图 7-89 所示。

⑮ 使用 ✎（画笔工具）在圆形之间绘制白色虚线画笔，效果如图 7-90 所示。

⑯ 在背景上面新建一个图层，使用 ✎（画笔工具）在人物后面绘制白色画笔笔触，效果如图 7-91 所示。

图 7-87 绘制花纹

图 7-88 复制改变色相

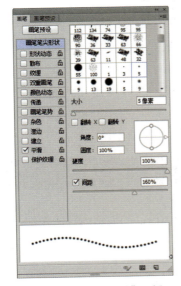

图 7-89 设置"画笔"面板

图 7-90 绘制虚线

图 7-91 绘制笔触

⑰ 新建图层绘制黑色圆角矩形，使用 T（横排文字工具）输入文字。至此，本例制作完毕，效果如图 7-92 所示。

图 7-92　最终效果

7.4.7　商品描述区的设计

详情页中的描述区，在页面中主要起到让买家了解下面商品的展示内容的作用，具体制作步骤如下。

操作步骤

01 启动 Photoshop 软件，执行菜单栏中的"文件"→"新建"命令，新建一个"宽度"为 750 像素、"高度"为 800 像素、"分辨率"为 72 像素 / 英寸的空白文档，将背景填充为与上面商品细节展示区一样的灰色。

02 新建一个图层，使用 （画笔工具）选择一个纹理笔触，在页面中绘制画笔笔触，效果如图 7-93 所示。

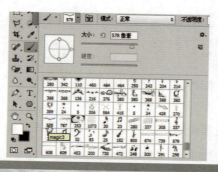

图 7-93　绘制笔触（1）

03 新建一个图层，使用 ✎（画笔工具）选择一个笔触，在页面中绘制红色画笔笔触，效果如图 7-94 所示。

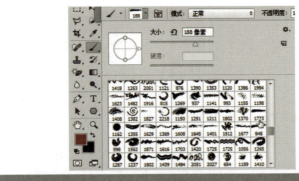

图 7-94　绘制笔触（2）

04 使用 T（横排文字工具）输入文字，效果如图 7-95 所示。

图 7-95　输入文字

05 更改文字，完成其他效果，如图 7-96 所示。

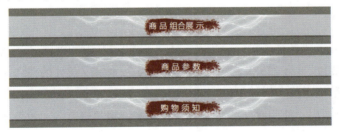

图 7-96　商品描述区

7.4.8　尺码区的设计

详情页中的尺码区，在页面中主要起到让买家了解商品的参数信息的作用，具体制作步骤如下。

操作步骤 >>

01 启动 Photoshop 软件，执行菜单栏中的"文件"→"新建"命令，新建一个"宽度"为 750 像素、"高度"为 170 像素、"分辨率"为 72 像素 / 英寸的空白文档，将背景填充为与上面商品细节展示区一样的灰色。

02 执行菜单栏中的“文件”→“打开”命令，打开本书配备的“素材\第7章\尺码.jpg”素材文件，效果如图7–97所示。

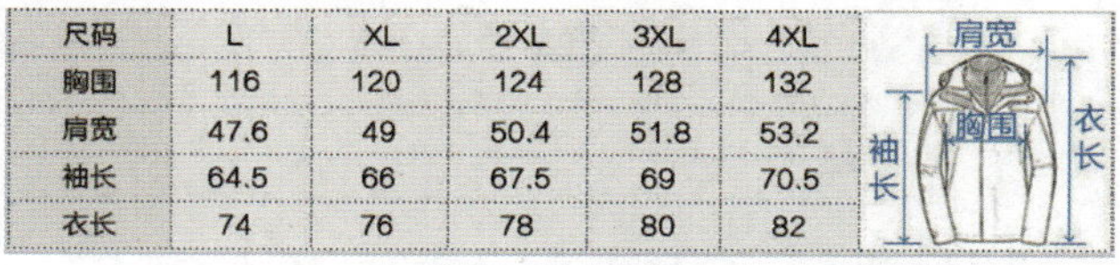

尺码	L	XL	2XL	3XL	4XL
胸围	116	120	124	128	132
肩宽	47.6	49	50.4	51.8	53.2
袖长	64.5	66	67.5	69	70.5
衣长	74	76	78	80	82

图7–97　素材文件

03 将素材拖曳到新建文档中，效果如图7–98所示。

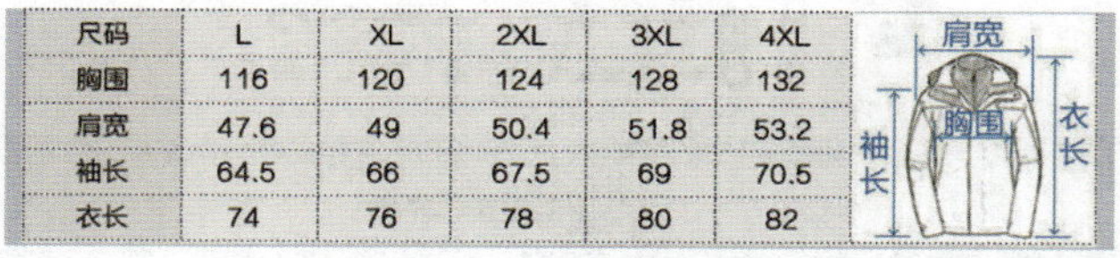

尺码	L	XL	2XL	3XL	4XL
胸围	116	120	124	128	132
肩宽	47.6	49	50.4	51.8	53.2
袖长	64.5	66	67.5	69	70.5
衣长	74	76	78	80	82

图7–98　贴入素材的效果

7.4.9 购物须知区的设计

详情页中的购物须知区，在页面中主要起到让买家了解商家对店铺的承诺信息的作用，具体制作步骤如下。

操作步骤>>

01 启动Photoshop软件，执行菜单栏中的“文件”→“新建”命令，新建一个“宽度”为750像素、“高度”为225像素、“分辨率”为72像素/英寸的空白文档，将背景填充为与上面商品细节展示区一样的灰色。

02 新建一个图层，使用▭（矩形工具）在左侧绘制“青色”，效果如图7–99所示。

图7–99　绘制矩形

03 新建一个图层，使用／（直线工具）在页面中绘制2像素粗细的白色直线，效果如图7–100所示。

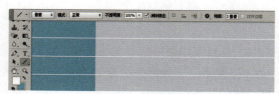

图7–100　绘制直线

04 使用 T. （横排文字工具）输入文字。至此，本例制作完毕，效果如图 7-101 所示。

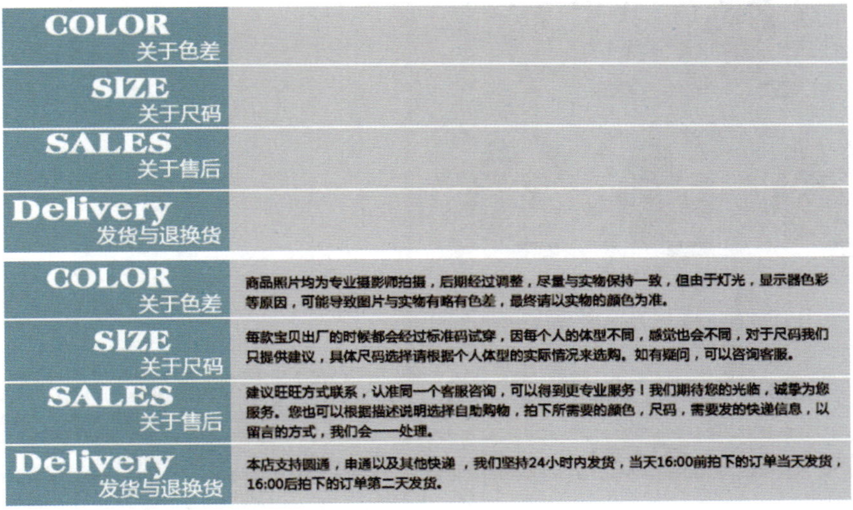

图 7-101 最终效果

7.4.10 合成详情页

合成详情页指的就是将之前制作的各个区域合成到一起，这样是为了在上传宝贝的详情内容时更加方便，在"图片空间"中也更容易查找，合成详情页的具体制作步骤如下。

操作步骤>>

01 启动 Photoshop 软件，执行菜单栏中的"文件"→"新建"命令，新建一个"宽度"为 750 像素、"高度"为 3000 像素、"分辨率"为 72 像素/英寸的空白文档。

02 打开之前制作的各个区域的文档，如图 7-102 所示。

图 7-102 打开素材

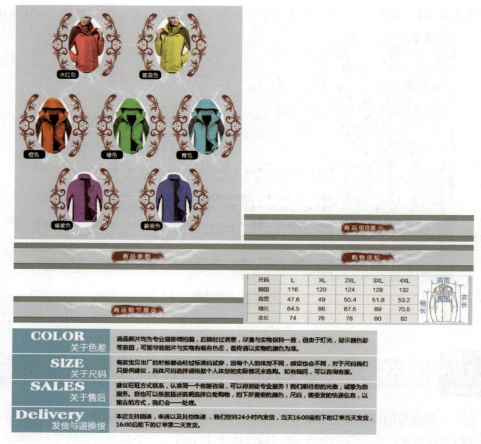

图 7-102 打开素材（续）

③ 这里选择创意广告，执行菜单栏中的"图层"→"拼合图像"命令，将所有图层合并，如图 7-103 所示。

图 7-103 拼合图像

④ 将拼合后的图像拖曳到"合并详情页"文档中，效果如图 7-104 所示。

图 7-104 移入拼合图像

05 将其他的文档都拼合图像后,并将图像拖曳到"合并详情页"文档中,效果如图 7-105 所示。

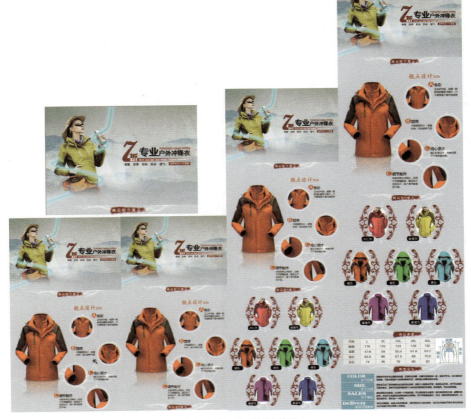

图 7-105 合成后的效果